Albrecht Goes
Ein Lächeln
inmitten der Schöpfung

Albrecht Goes

Ein Lächeln inmitten der Schöpfung

Sonntagsgedanken

Eschbach

Die Deutsche Bilbliothek – CIP-Einheitsaufnahme

Goes, Albrecht:
Ein Lächeln inmitten der Schöpfung:
Sonntagsgedanken/Albrecht Goes. –
Eschbach/Markgräflerland: Verlag am Eschbach, 1996
ISBN 3-88671-163-3

Konzeption und Textauswahl: Oliver Kohler, Mainz
Schutzumschlag nach einem Entwurf von
Neuffer-Design, Freiburg i. Br.
Umschlagbild: „Distelstrauß auf Stuhl"
von Dieter Franck, 1976
Porträtfoto: Oliver Kohler, Mainz
Reproduktion: GWS, Lüneburg
Satz und Druck: B&K Offsetdruck GmbH, Ottersweier
Verarbeitung:
Großbuchbinderei Josef Spinner, Ottersweier

Inhalt

Deine Jahre gehen nicht und kommen nicht;
aber unsere Jahre hier –
sie gehen und kommen,
und so nur können sie alle kommen.
Deine Jahre stehen ein für allemal zugleich,
eben weil sie stehen,
und da werden gehende nicht von andern,
die nun kommen, verstoßen,
weil ja keine vorübergehn:
aber unsere Jahre hier
werden dann erst sie alle samt und sonders sein,
wenn sie allesamt nicht mehr sein werden.
Deine „Jahre sind ein einziger Tag",
und Dein Tag ist nicht ein ,Tag um Tag',
sondern ein ,Heute',
weil Dein heutiger Tag nicht einem morgigen weicht,
wie er denn auch nicht einem Gestern folgt.
Dein Heute ist Ewigkeit.

Augustinus
(Bekenntnisse, Elftes Buch)

7

I

Ein Exempel des Herzens

Siebenter Tag oder erster Tag?

Die Kinder wollen wissen, ob der Sonntag der siebente oder der erste Wochentag ist. Ihre eigene Meinung ist geteilte Meinung. Wolfram weiß den Abzählvers, der da beginnt „Montag fängt die Woche an", seine Schwester aber holt den Kalender zu Hilfe und entscheidet sich dafür, den Sonntag den ersten Tag zu heißen, denn so – sagt sie – wird gezählt: Sonntag, Montag, Dienstag und so fort … Der ältere Bruder hört eine Weile zu und sagt dann: man muß das theologische Amt anrufen. Wäre der Tag noch der Sabbat, so wärs der siebente Tag, nun es aber der christliche Sonntag ist, so weist er auf den Auferstehungsmorgen zurück, auf das Osterfest, und ist nichts als Anbeginn und erster Tag.

Die Kinderfrage will mehr als eine Kinderantwort. Das heißt: die Antwort muß mehr sagen als das, was der Kalender weiß. Sonntag kann beides sein und darf beides sein: erster und letzter Tag. Sagen wir „letzter Tag", so taucht die Vorstellung vom Wochenende auf, und das muß ja nun nicht die trübselige Mixtur aus Lärm und Flucht sein, die wir uns einflößen, wie man ein kleines Rauschgift zu sich nimmt. Sagen wir getrost „Wochenende" – „Ende" – lassen wir diesen Tag den siebenten sein, einen Abschied, einen Schlußpunkt, ja: ein Sammelbecken. Lassen wir in ihm alles zusammenkommen, was die Woche brachte, die Quellen und die Wasser und die Abwasser auch, das Helle also, was in unsrer Woche war, und das Trübe nicht minder. Da war der Augenblick am Mittwoch morgen, an dem einer im Zug aufstand und Ihnen Platz machte: „Setzen Sie sich, Sie sehen so müde aus", und Sie sagten sich: Das muß ich mir merken, daß es das noch gibt. Und die Freude durch den Brief an einem Abend beim Heimkommen, der Brief von dem, der gekränkt hätte schreiben können, und der gut und verständig geschrieben hat – es geht sehr viel Lebensmut aus von einer einzigen solchen Erfahrung. Und der Blick in ein gutes und in ein tapferes Gesicht. Lassen wir es gelten, daß sich das alles noch einmal versammelt an unsrem siebenten Tag.

Aber auch das andere ist wahr: dieser Tag ist der erste Tag. Er ist gezeichnet von der Gnade des Anfangs. Und es ist nicht die Arbeit, mit der es nun wieder neu anfängt, sondern etwas anderes. Es wird alles schlimm, wenn wir vor der Welt und vor uns selbst keinen anderen Wert haben als den einer Arbeitskraft. Der Sonntag als der erste Tag – er sagt es uns, leise und doch unüberhörbar: daß wir die richtige Reihenfolge einhalten mögen. Zuerst ein Mensch und dann erst ein Arbeiter zu sein, das ist die Reihenfolge. Daß wir nicht leben, um zu arbeiten, sondern arbeiten, um zu leben.

Der ältere Bruder hatte ganz recht: man müßte das theologische Amt anrufen. Man könnte auch einfach an das alte Gottesgebot denken, das lautet: Du sollst den Feiertag heiligen: Du sollst ihn besonders halten, du sollst ihn nicht verwechseln. Er mag Ruhetag sein als der Tag, an dem über unsrer Unruhe Gottes Atem weht, schwere Schwinge wie Stille und Schlaf, und er mag erster Tag sein unter dem Rufzeichen: fanget an, denn es fängt neu an.

Wir wollen die Kinderfrage vom siebenten und vom ersten Tag nicht als Rechenexempel verstehen, sondern als ein Exempel des Herzens.

Franziskanischer Vers

Wieder gehn wir, dem Heiligen gleich, durch den guten
  Garten der Erde,
Seinem Schritte vertraut, seinem Blick, seiner linden
  Gebärde,
Finden in feiertäglichem Gang über fröhliche Fluren
Seine, des heiligen Bettlers von Assisi Spuren.
Schauen zum schlohweißen Scheitel hinauf am
  Birnbaum, dem alten,
Achten der fröhlichen Blust in des Mantels fallenden
  Falten.
Möchten gerne wie er Kind, Vogel und Blume
Innig lobsingend umfangen im ewigen Ruhme,
Fühlen und grüßen wie er ein jedes, das uns begegnet,
Bruder und Schwester und nah und gut und gesegnet.

Der eine und der andere Sonntag

Zuerst ein Wort zur Person. Der hier schreibt, hat zwei einander benachbarte, aber doch auch wieder deutlich von einander geschiedene Aufgaben wahrzunehmen, und so kann er – da ja alles, was wir tun, unsre Zeit, unsre Tage und Nächte bestimmt – eigentlich nicht von „seinem Sonntag" berichten, sondern nur von „seinen Sonntagen". Er ist ein Autor; eine Art Dichter, und in dieser Aufgabe soll er sich gefälligst etwas einfallen lassen, er soll erfinden, spielen, erzählen, ein wenig „höhere Heiterkeit" verbreiten; und er ist ein Prediger: er hat zwar kein Pfarramt mehr, aber einen regelmäßigen und strengen Predigt-Auftrag, und in ihm soll er auf ein vorgegebenes Wort hören; er soll horchen, gehorchen – und wissen, daß es in diesem Beruf – das Wort „Pastor" als „Hirte" übersetzt – keinen Urlaub gibt: einmal Pastor, immer Pastor. So wird er nun also vom „Pastorensonntag" und vom „Autorensonntag" zu berichten haben.

Gemeinsames – dies vorweg zu sagen – gibt es dabei genug. So ist die Morgenstunde hier wie dort die gleiche: zwischen sechs und sieben Uhr fängt der Tag an. Die Sehnsucht, lang ausschlafen zu dürfen, wenn ich sie irgendwann einmal gehabt haben sollte, besteht nicht mehr; das wird eine Alterserscheinung sein, worüber beim Prediger Salomo nachzulesen ist: „– und man erwacht, wenn der Vogel singt …" Das Abspielgerät – eine höchst schätzenswerte Erfindung – gibt zwei Ohren voll Musik; nicht gleich die vom obersten Rang, aber doch die vom zweithöchsten. Hier ist meine Erzdomäne, das Leben ist kurz, man muß anspruchsvoll sein: Purcell also,

Telemann, Cimarosa, auch Händel. Musik, in der die Welt im Gleichgewicht scheint. Ich lüge mich nicht an, während ich der schönen Platte zuhöre: ich weiß, die Welt ist weder „morgens um sieben" noch sonst zu irgendeiner Tagesstunde in Ordnung, aber diese Musik ist da, sie ist *auch* in dieser Welt – warum soll ich sie nicht hören?

Daneben wird das Frühstück bereitet, dabei bin ich noch allein, die Gefährtin drüben darf noch eine halbe Stunde schlafen oder ruhen – und sich dann an den gedeckten Tisch setzen. Kein Grund zur Rührung, es hat sich so ergeben: mir ist's nicht unlieb – gleich, ob Predigt-sonntag oder Nicht-Predigtsonntag ist, bei kleinen manuellen Tätigkeiten in Gang zu kommen, beim Kaffee-mahlen, beim Toaströsten, bei der Sorge um das blaue Copeland-Gedeck. Gleich nach dem Frühstück wird es – das gilt nun vom Predigtsonntag – Zeit zu dem kleinen Morgenweg, den Berg hinunter, zur Straßenbahn. Ich habe eine ziemlich weite Fahrt zu meiner Predigtkirche – und schelte sie nicht: meine Gegenüber hier kontrollieren, ohne daß sie es wissen, manchen Abschnitt aus meiner Predigt. Wenn die Minister bei uns – wie in der Schweiz – mit der Straßenbahn fahren würden, könnten sie in manchem Stück genauer sehen, was es mit den Leuten auf sich hat, der Mercedes ist – in dieser Hinsicht – ein Weltentfremder. Dann also der Gottesdienst, in seiner Mitte die Predigt: dieser intensive Versuch, zwanzig, fünfundzwanzig Minuten lang, selten länger, in der Sonntagsfrühe Menschen daran zu erinnern, daß hier, in dieser Botschaft, ein unverwechselbares Wort zu des Menschen Zuflucht und Heil gesagt ist; daß sie, wie viele Türen sonst sich auch schließen, hier an ein unbedingt Offenes gewiesen sind, und so die Schatten einfallen, hier ein offenbares Geheimnis unverdunkelt bleibt.

Nach dem Gottesdienst könnte es kleine Stehkonvente geben mit Hörern aller Art, danach die Rückfahrt – und dann ist es schon fast Zeit zur Bachkantate im Rundfunk, die, wenn irgend möglich, nicht versäumt wird: sie ist etwas wie Brot und Wein, Heiterkeit, Lebens- und Todesernst zugleich, sie ist als ein Stück „Sonntag im Sonntag" für mich unersetzlich. Das Mittagsmahl als „Festmahl" ist es nicht; ich spiele keinen Asketen, und der Curryreis mit allen Beilagen, das gekochte Obst als Nachtisch dann finden keinen Kostverächter; aber es kann getrost auch nur eine Suppe auf dem Tisch stehen. „Mehrere Gläser Bordeaux", so lese ich's erheitert, habe Schleiermacher bei ausgedehnter Mittagsmahlzeit, im Gespräch mit Freunden, sich zu Gemüte geführt. Munterer Mann! Ich verschiebe derlei Libatio auf den Abend; aber wenn ein Würzburger Bocksbeutel in der Nähe steht, so wird doch wenigstens ein Zinnbecher auch schon beim Mittagsmahl geleert; der Herr von Stechlin wußte wohl, warum er gerade diesen Wein seinen Gästen, den Herren Rex und Czako, kredenzte.

Nun kommt, kostbare Zäsur, eine Stunde Schlaf, und der lampenfiebrig-ängstliche Mann, der in der Samstag/Sonntag-Nacht meist so erbärmlich schläft, nun schläft er wirklich, und ist sogleich nach dem Erwachen zu einem Waldgang bereit: zu zweit – oder, wenn Kinder und Enkel zu Besuch sind, auch en famille. Später könnte es einen Freundesbesuch geben oder eine Briefschreibestunde. Ich unterschätze den Zauber kleiner Ferngespräche nicht, die Stimme ist ein eigen Ding; aber ein Brief, der seinen Namen verdient, ist *auch* ein eigen Ding, und der Lebenskreis, der *darauf* wartet, ist groß. Was noch? Ein wenig „Bürgerglück", sonst „Telewischen" geheißen: die Tagesschau gewiß, und auch eine politische Diskussion würde ich mir – vielleicht – nicht entgehen lassen. Als politischer Blindgänger möchte ich durchaus *nicht* erfunden werden, auch vor mir selbst nicht … Wenn Theater angeboten wird, so ziehe ich das sogenannte Volksstück dem Experiment vor, und genieße eine solche Aufführung, ohne mit der Wimper zu zucken; falsch: ich zucke mit dieser und jener Wimper, ich bin dabei, mit Vergnügen dabei; und jetzt soll auch der badische Rotwein dran glauben müssen.

Im Autorensonntag fehlt die Stadtfahrt in der Frühe. Der Gottesdienst vor der Haustüre wird zuweilen besucht, zuweilen müßte Goethes „Wandelnde Glocke" auf die Rohrer Höhe am oberen Saum Stuttgarts wackeln. Bin ich zur Stelle, so darf ich mich einen ordentlichen Predigthörer heißen: ich weiß zu gut, was für ein schweres Stück Arbeit eine ernsthafte Predigt ist, und bin es, ein für allemal, leid, als kritische Instanz dazusitzen. Communio sanctorum: Lobgesang, Gebet, der Segen Aarons – das sind gute Wirklichkeiten in jedem Fall; und was die Predigt angeht, so hat unsereiner nicht nur den übermütigen Vers Eduard Mörikes vom „Herrn Vikare" im Kopf („Nein, auf Ehre – wenn nur *ich* so wäre!"), sondern auch den liebevollen Satz aus einem Brief des Kirchenrats Johann Peter Hebel: „– und erbaue mich, wenn auch die Predigt schlecht wäre, am Evangelium."

Wird geschwänzt, so geht es gleich in aller Frühe aufs Seil. Ich habe bei der Förderung des jeweiligen Manuskriptes nicht das berühmte Zwei/Drei-Druckseiten-Pensum des Magisters Thomas von der Trave vor Augen, so sehr ich eine solche goldene Faustregel schätze. Ich sehe das leere Blatt und sehe den Wald, den Urwald auch, und oft genug den, den man vor lauter Bäumen nicht sieht, den dann freilich nur im Umriß, ich schlage meine Schneise. Vielleicht ist fast alles umsonst; vielleicht gelingen ein paar Sätze, vielleicht erschließt sich ein Zusammenhang. Vielleicht zuckt ein Stern auf, vielleicht ist es dann doch nur eine Sternschnuppe. Vielleicht trifft eine Replik, vielleicht öffnet sich eine Fernsicht, vielleicht wird ein Detail gefunden, vielleicht –. Mühe? Natürlich: Mühe, große Mühe. Aber Mühe doch nicht ohne die Gewißheit, daß „Sprache haben" heißt: „ein Haus haben". Schreiben – das ist: an einem Haus bauen. In einer Sprache, in dieser einen Sprache, in unserer Sprache, nein: in meiner Sprache bin ich daheim.

Spät – das gilt nun wieder für alle Sonntage – einen einsamen Gang; bei jedem Wetter. Regenschauer nicht nur nicht ausgenommen, Regen vielmehr bevorzugt. Wind, großer Wind herzlich erwünscht. Aber freilich auch die Sternbilder werde ich willkommen heißen und mir – einer Kinderleidenschaft eingedenk – ihre Namen aufsagen: Schwan, Leier, Fuhrmann, Orion, Cassiopeja.

Dann, ganz zuletzt, noch einmal Musik, und nun sollte es absolute Musik sein, am liebsten doch Mozart. Ein Klavierkonzert, eines von den späten Quartetten: wie da alles „schwer" des Sonntags in ein „schwebend" übersetzt wird, alles „verworren" in ein Spiel, ein ernstes Spiel –: ich werde das nie zu Ende formulieren und will es nicht; aber anders will ich keinen Sonntag beschließen.

Extravaganzen? Nicht, daß ich wüßte. Ein, zwei Mal im

Auto von Freunden eine Fahrt übers Land. Gut. Gesellig-
keit, „fein ausgehen"? Nein. Ohne Prinzipienreiterei – ein
schlichtes Nein. Das Rodinsche „Il faut toujours travail-
ler" – zu tief ist mir's, früh im Leben, in die Glieder gefah-
ren. Die *Sorge* als Begleiterin all und jeder Wege – ich
kann sie nicht verleugnen. Wer hört, muß antworten. Und
da die Botschaft nicht „gemütlich" ist, kann die Antwort
es auch nicht sein. Nur daß – um den, der hier Rechen-
schaft gibt, davor zu bewahren, ein Arbeitstier oder ein
Leistungsfex zu werden – die Meditationen des Augustinus nicht aus Griffnähe kommen, und immer neu fällt der
Blick, auch der Blick des sonntagsmüden Mannes auf die
Stelle, da vom „siebenten Tag" geredet wird, großleuch-
tend von ihm als dem „Tag, der ohne Abend ist".

Die guten Hände

Neulich hatte ich einen alten Arzt, der im Rufe stand, aus den Händen richtige Schlüsse auf das Wesen der Menschen ziehen zu können, bei einem Besuch zu begleiten. „Sorge", sagte er, nachdem ihm die Hausfrau die Hand gereicht hatte. Er sagte es, wie sich versteht, leise und nur zu mir. „Warum: Sorge?" fragte ich, ebenso leise, zurück. „Diese Hände wollen alles, was sie bekommen, festhalten; alles". Und „Sorge" hatte er auch bei dem Hausherrn gesagt. Warum auch da: Sorge? „Diese Hände können nichts festhalten, nicht einmal sich selbst." Aber dann war noch ein Gast da gewesen, und mein Doktor hatte auch ihm die Hand gegeben. „Freude", sagte er. „Freude?" Ja. Es sind gute Hände. Sie halten fest – aber sie können sich auch auftun. Sie gewinnen und sie verlieren. Sie können verlieren und werden darüber nicht leer.

„Hab eine offene Hand!" Keine Woche, ja keinen Tag können wir beschließen, ohne daß nicht – vernehmlich oder heimlich – dieser Ruf an unser Ohr dränge. Hören wir ihn? Überhören wir ihn? Und wenn wir ihn hören, hören wir ihn so, daß uns der Weg vom Ohr zum Bewußtsein, vom Bewußtsein zum Herzen und vom Herzen zur Hand nicht zu weit wird? Keine dieser Stationen darf übergangen werden. Gerade auch die Station „Lebendiges Bewußtsein" nicht. Die dumpfe Gutmütigkeit, die ohne dieses lebendige Bewußtsein gibt, soll nicht gescholten werden, aber sie ist das Letzte nicht. Nur freilich: „Lebendiges Bewußtsein" ist etwas anderes und ist mehr als die vielgerühmte Rechenkunst, ja – das lebendige Bewußtsein muß wohl zuweilen der Rechenkunst entgegen sein.

Lassen Sie mich dazu drei Dinge sagen.

Das erste. Es ist nicht wohlgetan, durch den Weg zu einer Opferbüchse oder durch den Griff nach seinem Scheckbuch sich zu dispensieren von der Aufgabe, der Armut, die in unser Blickfeld tritt, unmittelbar ins Angesicht zu sehen. Die Büchse hat noch kein Gesicht. Gewiß: Sie steht stellvertretend für viele Gesichter. Aber du beurlaube dich nicht von dem Blick, der dich meint.

Und das andere. Es mag seinen Sinn haben, den, dem man gibt, sich ein wenig anzusehen auch daraufhin, ob man nun wirklich am richtigen Platze gibt. Es ist aber nicht wohlgetan, in solchen Betrachtungen den Mut und die Freiheit zu ersticken, die Freiheit nämlich, etwas Kühnes zu tun. Du kannst die Würdigkeit nicht zu Ende erwägen – und du sollst es auch nicht.

Warum nicht? wirst du fragen. Ich könnte dir mit einem guten Wort von Goethe antworten. „Was willst du untersuchen, / Wohin die Milde fließt? / Ins Wasser wirf deine Kuchen, / Wer weiß, wer sie genießt." Das sei leichtfertig geredet, meinst du? Vielleicht. Aber es stammt aus dem Verlangen, sich eben das, was wir das „lebendige Bewußtsein" nannten, nicht zerstören zu lassen durch allzuviel kluge Gerechtigkeit.

Die Rechnung geht nie auf. Die große Bedürftigkeit ist in der Welt, du mußt auf ihr höchst reales und auf ihr imaginäres Konto ein wenig einzahlen. Du selbst lebst davon, daß andere dieses Konto bedenken, du weißt es oder du weißt es nicht.

II

Im Brunnengrund

Das große Erstaunen

Wofür bin ich da? Um mich, da ich in diese Welt gesetzt wurde, in ihr durchzusetzen oder durchzuschlagen, schlecht und recht? Um die Kette, in der ich ein Glied bin, am Leben zu erhalten, um Überkommenes weiterzugeben: eben noch ein Kind, jetzt schon Vater und Mutter? Um einen Platz auszufüllen? Um für den oder den etwas zu bedeuten – als Bruder, Freund, Beistand, Lehrer oder Leitbild?

Das alles sind Antworten – und es sind keine schlechten Antworten. Aber plötzlich kommt uns zum Bewußtsein – und das ist wie ein Trompetenstoß des Schreckens: bin ich denn bei dem allem nicht austauschbar? Kommt es da auf mich an? Und wenn ich austauschbar bin, was bin ich dann? Ein Lebewesen im Termitenstaat? Ist das der Mensch?

Was ist der Mensch? Gelehrte und ungelehrte Leute haben so gefragt. Aber es gibt einen Ort, wo diese Frage keine Schreckensfrage ist, sondern etwas wie ein Gebet. Im 8. Psalm steht das Wort, durch das Goethe einst – am Anfang seines großen und kühnen Weges – bis in alle Tiefen erschüttert worden ist:

„Was ist der Mensch, daß Du seiner gedenkest
und des Menschen Kind, daß Du dich seiner
annimmst?"

Was ist der Mensch? Er ist der, der angeredet wird von einem ewigen Ich. Und – von ihm angeredet – ist er nicht austauschbar. Er ist Gottes Du; er darf antworten.

Er darf antworten, wie er will. Er kann sagen, daß diese Welt miserabel eingerichtet ist. Er darf sagen, daß er auch für das, was sie „das Paradies" heißen und „die Wohnung bei Gott", keinen Bedarf hat.

Aber er darf auch das Andere tun. Er darf das *große Erstaunen* üben – Erstaunen darüber, daß er im Gedächtnis Gottes lebt, daß er angenommen ist, bewacht, in wunderlichen Schrecknissen bewahrt. Er darf danken. Er darf loben.

Die Handschrift

Es spricht der Ohnegleichen,
Der Überzeit und -jahr,
Des Name Tiefverborgen
Und Tausendoffenbar:

Ich habe dich gezeichnet –
Spricht er – in deine Hand,
Ich bin wie Vater und Mutter
Dir zugewandt.

Im Brunnengrund der Zeiten
Da rief ich einen an:
Geh aus – aus deiner Freundschaft,
Ein alter Mann.

Und der, da ers vernommen,
Fragt nicht: wohin – warum?
Steht auf und geht und sieht sich
Kein einzig Mal mehr um.

So, ob du auch die Handschrift
Nicht deutest und verstehst,
Genug, wenn du gleich jenem
Als im Geheimnis gehst.

Vertrau: In Nacht und Tagen,
Da Leid und Leben wächst,
Wird dir zugut geschrieben
So Text um Text.

———

Und wie dem ersten Wanderer
Ward Zuflucht, Haus und Rast,
Geschehe dir, als wie du
Geglaubet hast.

So tu denn auf die Hände,
Lies und erkenne still,
Daß ich – spricht er – dein nimmer
Vergessen will.

Schöpfungslicht

Und: die biblische Geschichte? Ja, wir durften sonntags, nach Tisch, auf dem Bodenteppich liegend, das weiß ich noch, die große Dorésche Bilderbibel mit dem Vater zusammen ansehen, ich habe die Noah-, David- und Jesusgeschichte gewiß zuerst im Zusammenhang mit diesen Bildern gehört. Der Vater erzählte, und er konnte erzählen; sie interessierten mich, die schönen Geschichten und – nach Kinderweise – vor allem auch: die schlimmen Geschichten. Aber eine „religiöse Erfahrung" möchte ich das nun doch nicht heißen. Nur das erste Bild in dieser großen Bilderbibel, das Bild vom Schöpfungslicht über der Tiefe der Finsternis, das drang in Wahrheit in mich ein. Ich kann heute nicht sagen, ob dieses Bild etwas taugt; damals taugte es für mich. Joseph Haydn habe geweint, als er in seinem Oratorium „Die Schöpfung" selbst zum erstenmal diese Stelle gehört habe: Es werde Licht! Das erfuhr ich erst in Erwachsenenjahren; aber daß ich diese Tränen der Erschütterung sogleich verstand, das hing doch wohl mit diesem Bild aus frühester Kindheit zusammen. Ich gebe dieser Erfahrung keinen Namen; „Überwältigung" und „Einweihung" sind so große Worte: wenn es etwas dergleichen war, so wohl deshalb, weil ich nicht nur stumm geschehen ließ; weil dieses erste „Und Gott sprach" den Widerhall eines großen Erstaunens fand. Was geschieht? Einer ruft dem, was nicht ist, daß es sei. Einer? Wer?

Gesang wagen

Die drei Befehle aus den Sonntagsnamen des Kirchenjahrs an die Gemeinde, die den Osterwind im Rücken und das Pfingstfeuer schon vor Augen hat, gehören zusammen: sie weisen *einen* Weg, und es ist ein Weg bergauf. „Jubilate" – „jauchzet"! Wagst es, einer dumpfen Welt, die ihre Vergänglichkeit düster beklagt, störrisch-schweigend bedenkt oder lärmend vergißt, den Jubel zu schenken, der das Ewige, der den Ewigen rühmt. „Rogate" – „bittet"; gedenkt dessen, daß euch, höchste Gabe, das Wort anvertraut ist, Wort von jenem Wort, das „im Anfang" war und das im Wagnis des Gebets zurückkehrt zu seinem Ursprung, euch und das Eure mitnehmend, euch schon zu gewöhnen, „einzuüben" in die freie Luft der Ewigkeit. Heute ist uns das „Cantate" aufgetragen. „Singet": und es ist mehr darin gefordert, als das „Jubilate" meint. Im Jubel, im unartikulierten Jauchzen sind uns die Vögel weit voraus, und die Himmel, die die Ehre Gottes verkünden, die Morgensterne, die ihn miteinander loben, haben ihre eigene Vollmacht. Unser ist das heilige Lied, und da wir es anstimmen, wird es sein „wie in der Nacht eines heiligen Festes".

Cantate! Es ist nicht das Kind in der Nacht, die Einzelstimme, die aufgerufen wird: es ist die Gemeinde, die sich zusammenfindet im Lied: da ist ein vorgezeichneter Text, eine bestimmte Melodie, und ein Unisono wird gefordert... und da ist ein Chorsatz, oder ein Kanon, da eine Stimme der anderen begegnet, da sich Stimmen verschränken, nach keiner Willkür, nach Gesetz und Ordnung vielmehr, nach der Ordnung der Kunst. Und indem sie einander begegnen, geschieht mehr als nur dies: daß schöne Musik den Raum erfüllt. Es geschieht, daß sich die Gemeinde findet im Fest. Wir denken an den Augenblick in der dramatisierten Fassung des „Tagebuchs der Anne Frank", da sie mitten in der Nachtverlorenheit ihres armseligen Verstecks ihr Fest zu feiern suchen. Einmal fängt die Stimme des Mädchens zu singen an, aber da ist die Übermacht der Finsternis, und der Ton erstirbt ihr. Und dann heben sie miteinander von neuem an, und indem sie nun miteinander den Gesang wagen, sind sie nicht mehr nur die, die auf ihre Wege sehen, ein jeder auf den seinen – und sie haben es schwer miteinander, es ist nicht anders möglich: nein, nun sind sie im Fest.

Ein Juwel

Fragte man mich nach einem Lieblingslied, so fiele meine Wahl auf das Lied „Ich hab in Gottes Herz und Sinn", das einzige Gerhardtlied übrigens, das J. S. Bach für eine Choralkantate verwendet hat: auch er fand wohl, es sei ein Juwel sonderlicher Art. Was alles ich, als Knabe und Mann, als Vater und Sohn, als Erzähler und Prediger, als ein vom Vers Getroffener und nach dem Gedicht Verlangender, als Leiden und Freuden Erlebender – Paul Gerhardt schulde: in den zwölf Strophen dieses Liedes finde ich seine Gaben „als in der Summa".

Wie da gleich im ersten Satz „Herz und Sinn" umschlossen sind von „Gottes Herz und Sinn": der fühlende und der denkende Mensch, sie sind ungeteilt und doch nicht sich selbst genug und mit sich allein:

„Ich hab in Gottes Herz und Sinn
Mein Herz und Sinn ergeben:
Was böse scheint, ist mir Gewinn,
Der Tod selbst ist mein Leben.
   Ich bin ein Sohn
   Des, der den Thron
Des Himmels aufgezogen:
   Ob er gleich schlägt
   Und Kreuz auflegt;
Bleibt doch sein Herz gewogen.

Das kann mir fehlen nimmermehr,
Mein Vater muß mich lieben!
Wenn er mich auch gleich wirft ins Meer,

So will er mich nur üben
  Und mein Gemüt
  In seiner Güt
Gewöhnen fest zu stehen:
  Halt ich den Stand,
  Weiß seine Hand
Mich wieder zu erhöhen.

Ich bin ja von mir selber nicht
Entsprungen noch formieret,
Mein Gott ists, der mich zugericht't,
An Leib und Seel gezieret,
  Der Seelen Sitz
  Mit Sinn und Witz,
Den Leib mit Fleisch und Beinen:
  Wer so viel tut,
  Des Herz und Mut
Kanns nimmer böse meinen."

Wie dann die Umwelt mit den Lebensgeschicken alles
kreatürlichen Reichtums vor diesem ruhig-offenen Auge
erscheint: nah – und doch nicht ganz nah.

„Woher wollt ich mein Aufenthalt
Auf dieser Erd erlangen?
Ich wäre längsten tot und kalt,
Wo mich nicht Gott umfangen
  Mit seinem Arm,
  Der alles warm,
Gesund und fröhlich machet;
  Was er nicht hält,
  Das bricht und fällt,
Was er erfreut, das lachet.

Zudem ist Weisheit und Verstand
Bei ihm ohn alle Maßen,
Zeit, Ort und Stund ist ihm bekannt,
Zu tun und auch zu lassen.
    Er weiß, wenn Freud,
    Er weiß, wenn Leid
Uns, seinen Kindern, diene;
    Und was er tut,
    Ist alles gut,
Obs noch so traurig schiene.

Du denkest zwar, wenn du nicht hast,
Was Fleisch und Blut begehret,
Als sei mit einer großen Last
Dein Glück und Heil beschweret,
    Hast spät und früh
    Viel Sorg und Müh,
An deinen Wunsch zu kommen,
    Und denkest nicht,
    Daß, was geschicht,
Gescheh zu deinem Frommen.

Fürwahr, der dich geschaffen hat
Und sich zur Ehr erbauet,
Der hat schon längst in seinem Rat
Ersehen und beschauet
    Aus wahrer Treu,
    Was dienlich sei
Dir und den Deinen alle;
    Laß ihm doch zu,
    Daß er nur tu
Das, was ihm wohlgefalle."

———

Es ist *nicht* Mörikes „Wollest mit Freuden / und wollest mit Leiden / mich nicht überschütten, / doch in der Mitten / liegt holdes Bescheiden." Es greift höher und lotet tiefer:

„Wanns Gott gefällt, so kanns nicht sein,
Er wird dich letzt erfreuen:
Was du jetzt nennest Kreuz und Pein,
Wird dir zum Trost gedeihen.
   Wart in Geduld:
   Die Gnad und Huld
Wird sich doch endlich finden;
   All Angst und Qual
   Wird auf einmal
Gleichwie ein Dampf verschwinden.

Das Feld kann ohne Ungestüm
Gar keine Früchte tragen:
So fällt auch Menschenwohlfahrt üm
Bei lauter guter Tagen.
   Die Aloe
   Bringt bittres Weh,
Macht gleichwohl rote Wangen:
   So muß ein Herz
   Durch Angst und Schmerz
Zu seinem Heil gelangen."

Wie das dem Kinderspiel und Volksliedton zugehörige „Ei nun" in der zehnten Strophe, tiefaufatmend, die Blankovollmacht ausstellt:

„Ei nun, mein Gott, so fall ich dir
Getrost in deine Hände;
Nimm mich und mach es du mit mir
Bis an mein letztes Ende
    Wie du wohl weißt,
    Daß meinem Geist
Dadurch sein Nutz entstehe
    Und deine Ehr
    Je mehr und mehr
Sich in ihr selbst erhöhe.

Willst du mir geben Sonnenschein,
So nehm ichs an mit Freuden,
Solls aber Kreuz und Unglück sein,
Will ichs geduldig leiden.
    Soll mir allhier
    Des Lebens Tür
Noch ferner offen stehen:
    Wie du mich führst
    Und führen wirst,
So will ich gern mitgehen.“

In einer großen Steigerung dann zuletzt, das berühmte
Mozartsche „Ja zum Tode“ vorwegnehmend, aller Rührung und Selbstzärtlichkeit den Abschied gebend,
erscheint in der letzten Strophe dann ein großes „Wohlan!“:

„Soll ich denn auch des Todes Weg
Und finstre Straßen reisen:
Wohlan, so tret ich Bahn und Steg,
Den mir dein Augen weisen.

———

Du bist mein Hirt,
Der alles wird
Zu solchem Ende kehren,
Daß ich einmal
In deinem Saal
Dich ewig möge ehren."

Ich weiß nicht mehr als eine Handvoll Texte in der Welt, von denen ich sagen möchte, was ich hier sagen will: dieses Lied wird uns nicht im Stich lassen, zu keiner Stunde. Man kann mit ihm leben – und sterben.

III

Begegnung

Die liebsame Störung

Sie haben sich gewiß etwas Bestimmtes vorgenommen für den Sonntag, und jeder, der es gut mit Ihnen meint, muß Ihnen wünschen, daß Sie es nun auch zuwege bringen, daß Ihnen nichts dazwischen kommt – oder wollen Sie mir erlauben, ein kleines Wenn und Aber zu sagen? Wie, wenn es nun doch anders ginge als geplant, wegen einer Erkrankung, wegen eines unvorhergesehenen Besuchs oder wer weiß wegen welcher unliebsamen Störung?

Gibt es eigentlich auch eine liebsame Störung? Und wie ist es denn überhaupt um unsren Umgang mit der Zeit bestellt? Es gibt eine Unterstufe – auf ihr tappen wir so auf gut Glück in unsre Freizeit hinein. In der Mittelklasse fassen wir Vorsätze und führen sie aus. Im Oberkurs aber lernen wir die Kunst, uns – ich will es kühn sagen – auf die rechte Weise stören zu lassen.

Ich muß Ihnen dazu eine Geschichte erzählen, die … nein: ich werde den Namen des vortrefflichen Mannes, der sie erlebt und mir erzählt hat, nicht nennen; es ist ein berühmter Name, und es gibt viele schöne Geschichten von ihm, lauter selbsterlebte, aber man darf diese Geschichten nicht an den berühmten Namen hängen, sondern man muß sie hören wie – irgendeine Geschichte, nein: wie eine, die auch uns meinen könnte.

Die Geschichte beginnt mit einem Telefonanruf. „Hören Sie, Herr Doktor, hier oben ist jemand, der zu Ihnen will." „Zu mir?" fragt der Einsiedeldoktor zurück, „zu mir will niemand." „Doch." „Ja, wer ist es denn?" „Ein Fräulein Soundso … und sie hat Fragen." „Ja, wie ist sie denn?" Darauf – Schweigen. „Und ich merkte", so fuhr der Doktor in seiner Erzählung fort, „daß mein Gegenüber nicht recht wußte, was er sagen sollte." „Nun also, dann sagen sie ihr, sie solle heute nachmittag um halb drei kommen; aber um halb vier muß sie wieder gehen, sagen Sie ihr das. Dankeschön." „Kaum hatte ich das gesagt, als ich den Hörer noch einmal abnahm und zurückrief: Sagen Sie ihr: um halb drei solle sie kommen, und um drei Uhr müsse sie wieder gehen. Nun, sie kam … und ich muß Ihnen sagen: sie war häßlich; sie war so häßlich, daß ich ganz erschrocken bin. Aber was meinen Sie? Um halb sechs war sie noch da. Nicht, weil sie es so wollte, sondern weil es sich so gab. Sie war gescheit. Mehr: sie war gut. Sie fragte etwas Richtiges und antwortete etwas Wahrhaftiges – und das ist viel. Ich habe mich geschämt wegen meines Telefongesprächs. Und der Nachmittag war keine verlorene Zeit."

Das ist die Geschichte. Wir verstehen sie gut, wir verstehen auch das Telefongespräch, das die unliebsame Störung abkürzen wollte … Aber wir fühlen, welche Kraft am Werk ist, wenn man sich nun doch hinhält und dangibt. Es ist die Kraft der Güte. Und es ist nicht nur die Güte. Es ist auch die Weisheit. Denn das, was wir uns vornehmen, das ist immer etwas wie der Sperling in der Hand. Aber das andere, das Unvorhergesehene, die Möglichkeit, die Störung, das kann, kann immer auch der Paradiesvogel sein. Nehmen Sie das ganz wörtlich. Es kann doch immer auch auf solche Weise ein sehr wichtiger, ja ein heiliger Bote zu uns finden, und der, den wir den Störenfried heißen, kann der Friedensstifter werden – gerade auch für unseren Sonntag.

Nun, ich wünsche Ihnen trotzdem, daß es nach Ihrem Plan gehe. Aber vielleicht haben Sie dann doch einmal Anlaß, an dieses Wort zu denken, an die schöne Geschichte vor allem von der liebsamen Störung.

Nachbarschaft

Nicht, daß wir uns verstehn, nur daß wir gehen,
Uns in des Weges Nachbarschritt nicht scheun,
Mit kleinem Dienst einander zu betreun,
Uns Wünsche an den Augen abzusehen.

Nicht, daß wir herrlich und in Freuden leben
Im Liebesgarten, innig und gelind,
Nur daß wir nie und nie zu müde sind,
Einander dieses Leben zu vergeben

In des Vergebens mütterlichem Ton.
Und so zu gehn wie der verlorne Sohn,
Noch ungewiß, ob er die Heimat fände,

Vereint zu gehn, ob auch dem andern schon
Umkühlt vom Fernwind sei'n die lassen Hände,
Und doch zu gehn, zu gehen bis zum Ende.

Einer bedarf des anderen

Gehen wir von folgender Grunderkenntnis aus: daß wir entscheidend durch das Medium der Sprache hindurch erfahren, wer wir sind. Und das in einem zwiefachen Sinn. Die Sprache ist es, die jedem einzelnen das Bewußtsein seiner selbst bestätigt. Und sie ist es, die uns an die Grenze unserer Selbstgehörigkeit leitet zu der Erfahrung: daß einer des anderen bedarf.

Wir wissen, wie Eltern das erste Lächeln ihres Kindes mit sehnsüchtiger Hoffnung erwarten als ein erstes Zeichen gesunder Sinne, wie sie den Tag des ersten freien Schrittes mit Stolz und Sorgfalt notieren: Ferne wird nah, Fremde wird vertraut, Erdteile müssen sich auftun. Aber dann werden sie dem ersten bewußten Wort ihres Kindes entgegenleben, und in diesem ersten bewußten Worte mit ahnender Erschütterung alles Kommende bedenken: daß nun der weite und wahrhaft unheimliche Weg beschritten ist, auf dem ihrem Kinde alles Wesen der Welt begegnet. Bösestes und Bestes, alle Herrlichkeit und alle Gefahr, alle Brücken und alle Brückenabbrüche sind in diesem ersten Worte, wo nicht enthalten, so doch angekündigt, ja schon umrißhaft erhellt. Sprechen lernen wird nun dieses Kind: das geht die Zunge, den Gaumen und die Lippen an; aber immer schon geht es auch den ganzen Menschen an, denn indes wir sprechen lernen, lernen wir eine Sprache. Eine Sprache lernen heißt aber: sich einlassen auf ein Lebendiges, das uns zum inneren Leben entwickelt. Wechselseitig ist die Beziehung: indes die Sprache an uns schafft, schaffen wir an ihr. Indes sie uns zu sinnenden und reifenden Menschen macht, blüht und reift sie selbst.

Der Taxichauffeur

Ich bin ihm nicht selbst begegnet, dem Taxichauffeur, von dem die Geschichte handelt, aber weil der, der mir von dem Gespräch mit ihm erzählt hat, so unmittelbar zu erzählen wußte wie ein Fahrender aus östlichen Bereichen, so meine ich wohl, ihn selbst gesehen zu haben.

Wir besannen uns miteinander über die Frage, ob es dem Wort, einfach dem Wort gelinge, in einem Menschen etwas zu verwandeln. Wir saßen in einer kleinen Pension, der Tee war eingeschenkt, das Antlitz des alten Mannes, der mir gegenübersaß, war hell auf mich zugerichtet, die Augen waren gütig und heiter. „Dazu muß ich Ihnen die Geschichte vom Taxichauffeur erzählen", fing er an.

„Es war in Los Angeles, und ich hatte zu einer Besorgung ziemlich weit hinaus zu fahren. Es ist üblich, daß man mit dem Taxichauffeur ein paar Worte spricht, über das Wetter etwa, und daß man dann vor sich selbst hinschweigt. Wir sprachen also über das Wetter und über die Gebäude längs der Straße, und mancherlei dieser Art. Plötzlich wandte sich der Fahrer zu mir her und sagte: Herr, ich muß Sie etwas fragen. Da habe ich kürzlich gelesen, es sei gar nicht nötig, daß man immer gleich zornig werde über die Leute – was meinen Sie denn dazu? Glauben Sie das auch? Ja, sagte ich, das glaube ich auch. Aber wo haben Sie es denn gelesen? Ja, Herr, in einem Magazin. Sie werden lachen, aber der Mann, der das gesagt hat, ist siebenhundert Jahre alt. – Sie meinen, er hat vor siebenhundert Jahren gelebt? Ja, so sage ich ja ... Francis. Francis? Ah ja, Franziskus von Assisi. Ja. Da haben Sie ja etwas Gutes gelesen. Und nun erzählte ich meinem

Taxichauffeur von Franziskus von Assisi. Dann stieg ich aus, zahlte, und ging zu meiner Besorgung. Gleich aber vermisse ich mein Brillenfutteral, es muß mir im Auto herausgefallen sein, das hübsche Brillenfutteral. Nach zwanzig Minuten komme ich heraus aus dem Haus … wer kommt mir entgegen? Mein Taxichauffeur, das Brillenfutteral in der Hand. Nun müssen Sie denken: für einen solchen Chauffeur ist Zeit Geld und Benzin noch einmal Geld. Aber da stand er nun und gab mir das Verlorene zurück. Und ich sagte zu ihm: Danke. Das hast du gut gemacht. Du bist ein guter Kerl. Da geschah etwas sehr Merkwürdiges. Der Chauffeur fiel mir um den Hals und sagte: „Das hat noch nie jemand zu mir gesagt." Sie können sich denken, daß das ein seltsamer Anblick gewesen ist: der riesige Taxichauffeur, der mir, gerade mir nun, um den Hals fällt … Ja, und weiter, weiter ist nichts zu erzählen. Das war das Wort. Und wissen Sie, vielleicht habe ich es ihm eben *wirklich* gesagt.

Die schöne Geschichte ist schon zu Ende. Und es ist ja auch genug gesagt. Genug auch, um Vertrauen in das Wort zu finden, in das Wort, das wir einem anderen – wie mein Gegenüber sich ausdrückte – wirklich sagen.

Die Gebärde

Älter noch als das Wort – so will es uns zuweilen erscheinen – ist die Gebärde. Wir sagen nicht, die Gebärde sei unbewußt, das Wort bewußt, die Gebärde träumerisch, das Wort wach. Die Gebärde vermag nicht weniger wach zu sein, nicht weniger wissend, nicht weniger weise, als je ein Wort zu sein vermöchte: nur, daß sie deutlicher vielleicht als das Wort ihre Herkunft bezeugt, ihren Ursprung und ihre Geheimnisse.

Sie kommt aus dem Schweigen. Auch das Wort wird im Schweigen geboren. Aber die Gebärde, welche ihren Urgründen nahe geblieben ist, bringt wie eine große Habe alle Tiefen des Schweigens ans Licht. Da Adam seine Beseelung erfährt, geschieht es, daß er die Hand ausstreckt und mit seinem Finger den göttlichen Finger berührt; und in dieser einen Gebärde ist alles enthalten, was je einen Menschen vor das göttliche Antlitz treiben kann: alle Sehnsucht, alle Bangnis, alle Ehrfurcht, alle Zuversicht, alles Staunen, alles Nichtbegreifen. Kein Wort, kein Ruf. Nur die Lautlosigkeit des Herrn im großen Mantelschwung und die Kreatur, die ihre Bestimmung erfährt und ihre Würde: Unvergängliches wahrzunehmen im Vergänglichen. Und wo immer nun die Gebärde der Begrüßung zwischen Menschen in der vollen Wahrheit geübt wird, lebt in ihr eine Erinnerung an dieses Schweigen vom sechsten Schöpfungstag – und diese Erinnerung macht die Gebärde schön.

Das klare Licht des Schweigens ist um die Gebärde und auch das siebenfarbige Gewölk des Traumes. Wir können dem, der da unsrem Herzen nahe kommt, zuweilen nicht mit dem Wort begegnen, aber im Händedruck, im Lächeln, im Winken noch sind unsre Wünsche und unsre Wunschträume auch aufgehoben, unser Verlangen und unser Verzicht.

Auch ist um die Gebärde, um die flüchtige Gebärde, das geheime Wissen von ihrer lange währenden Kraft. Sie währt nur einen Augenblick; aber sie vergeht uns nicht mit diesem Augenblick. Jahre vergehen, aber wir kehren zurück, und da uns das neue „Willkommen" in der Gebärde erreicht, sind alle die langvergangenen Willkommen früherer Jahre gegenwärtig. Küsse diesen Kuß und vergiß ihn – aber plötzlich, nach langer Zeit vielleicht, findet er zu dir zurück; dann sollst du ihn – in dir – nicht verleugnen.

Die Gebärde ist einfältig. Wir kamen in die fremden Länder, nach Kiew und nach Turnu-Severin, nach Kecskemét und nach Arles, unser Gespann hielt eine kleine Weile nur, nur so lange, bis die Pferde gefüttert waren. Da sahen wir sie, die Mütter und ihre Kinder, und wir kannten sie, als hätten wir sie immer gekannt. Ja, so mußte es aussehen, wenn sie ihre Kinder vor sich her trugen. Das Tuch konnte farbig sein oder zerfetzt, der Handrücken glatt oder rissig, blaugeädert oder dunkelbraun: sie waren die Mütter, und dies waren ihre Kinder, und Liebe bedeutet Liebe unter jedem Himmelsstrich. Einfältig ist die Gebärde, und vielfältig doch auch. Sei behütet, sagt sie. Und sagt: ich kann dich nicht behüten. Beides ist in ihr: Wärme und Vertrauen und Zärtlichkeit – und Wehmut und Schmerz, der sich zurücknimmt, und Einsicht darein, daß das Trennungsschwert nahe ist, Chronos, der Feind, der Abschiedsrufer.

Wir lieben das Wort – und wir sollen es liebhaben. Aber in der Sprache der Gebärden erreicht unser Leben zuweilen die Grenze eines Landes, das heißt: das Unsagbare.

Der wirkliche Gruß

Wer sich lange im Menschenwesen tummelt und mit geduldiger Aufmerksamkeit den Dingen nachgeht, wird – in einigen Stücken wenigstens – milde. So hatte ich früher wohl gute Lust, der Fülle von gedruckten Grüßen und Wünschen, wie sie einem auf Festtage ins Haus hereinfährt, eine etwas zornige Weise entgegenzusingen, aber nun merke ich, daß mir einige Duldsamkeit zugewachsen ist. Es muß wohl für Firmen, das Wort im weitesten Sinn verstanden, eine Möglichkeit geben, sich empfehlend in Erinnerung zu bringen, und dafür wählen sie dann, auf den Neujahrstag etwa, diese Mischung aus Büttenpapier und Kolorit. Was mir aber auch weiterhin ein Rätsel bleiben wird, ist dies: wie vollsinnige Privatpersonen sich an diesem Unfug beteiligen können, oder genauer: wie Menschen meinen mögen, sie hätten sich mit einem Gegenüber in Verbindung gesetzt, wenn sie – seine Adresse schreiben.

Freilich werden Sie nun sagen: ja, aber wer hat denn in unsrem Zeitalter die Zeit, in Gruß und Echo zweihundert Lebenszeichen auszusenden? Ich würde erwidern: erstens sind es bei den meisten Menschen nicht zweihundert, sondern zwanzig oder dreißig. Zweitens sind die Festtage jedem, der einen Gruß schicken will, in ihrem Termin bekannt, und – so es sich um Dankbriefe handelt – steht nirgends geschrieben, daß man heute, morgen und in drei Tagen Antwort geben muß. Gewiß, ich sehe ein: es ist in vielen Fällen nicht möglich, daß einer einen großen Teil seiner freiverfügbaren Zeit dem Briefeschreiben opfert, es ist auch nicht jedermanns Sache, sich auszudrücken. Aber ehe er dem Trübsinn der gedruckten Karte sich überantwortet, möge er innehalten und auf einen Ausweg sinnen.

Ein vielbeschäftigter Freund hat sich so entschieden: er sendet zwei-, dreimal im Jahr einen richtigen Brief an den Lebens- und Freundeskreis, der alles enthält: Dank, Gruß, Echo, Bericht – er sendet ihn, weil es anders nicht möglich ist, vervielfältigt. Gut; das ist ein Weg. Ein anderer schreibt, da behagliche Briefe nicht gelingen, einen einzigen Satz oder zwei Sätze, er schreibt sie mit der Hand, und jeder empfängt sie als das, was sie sind: als einen wirklichen Gruß.

Das Entscheidende aber – und deshalb spreche ich hier darüber – geschieht in uns. Es gibt, die Sprache ist eine Verräterin, eine Vokabel, die wir zuweilen verwenden, wenn wir von unsren Briefpflichten sprechen; wir sagen „Korrespondenz erledigen". Und gerade dieses eine Wort „erledigen" ist das Wort, das wir *nicht* verwenden dürfen. Dann nämlich nicht, wenn es uns wirklich zu tun ist um Dank und Gruß. Was erledigt wird, ist abgetan – in uns abgetan. Aber Dank und Gruß sind ja nun gerade das, was die Beständigkeit meint, die Dauer, das, was weiterwirkt, wenn die schriftliche Äußerung zur Post gegeben ist, sie sind nicht „erledigt", sie dürfen nicht erledigt sein.

Skorbut des Herzens: so würde ich die Erkrankung nennen, die sich anzeigt, wenn wir vielleicht eben noch beredt sind im Bitten und Wünschen, dürftig aber im Dankbezeigen.

Freilich: niemand übertreibe. Niemand schreibe, was nicht in ihm wahr ist. Was sollen wir schreiben? Wir sollen, dem anderen recht zu danken, etwas vom Eigenen darreichen: einen Augenblick der Freude, der Bewegung, der Erschütterung. Es ist das einzige, was wir schuldig sind.

Die Gnade der Begegnung

Gnade: das schöne Wort weist in eine Welt, über die wir nicht verfügen. Ist Begegnung eine Gnade, so ist sie voller Geheimnis. Und wahrhaftig: leichter löst einer die Gewirke eines Gobelins auf, als daß er's vermöchte, dem Geheimnis der Begegnungen auch nur eines einzigen Jahres auf die Spur zu kommen, den Gesetzmäßigkeiten, die da regieren, oder der Regellosigkeit, die zutage tritt, oder beidem zugleich. Du kannst genug und doch nie genug darüber nachdenken; entzifferst du viel, so sind es einige Schriftzeichen, geschrieben ins lebendige Element.

Schon der Ursprung einer Begegnung ergründet so leicht kein forschender Blick; ja die Betroffenen selbst wissen sich allein gelassen mit ihrem Warum. Warum gerade du? Warum gerade ich? Nur daß es so geschehen mußte, wie es geschah, das scheint ihnen gewiß: Unauswechselbar ist die Begegnung – und gerade darin, daß sie unauswechselbar ist, unterscheidet sie sich von den unverbindlichen Berührungen des Tages. Eine eigene Unwiderstehlichkeit auch gehört zur Begegnung, nur ist diese Unwiderstehlichkeit nicht romantischer Natur ... „süß" jedenfalls möchte sie nicht genannt werden; und wäre sie süß, eine reife Frucht, so wäre der Süßigkeit ein Tropfen bitteren Ernstes beigemengt, jenes Ernstes, den wir in der großen Zaubermusik der Unwiderstehlichkeit, in Mozarts „Don Giovanni" entdecken. Die sich begegnen, wirklich begegnen, die sind auf eine Bahn gewiesen, auf welcher sie Rat und Sorge, auch Warnung und Verbot nur mühsam erreichen. Geheimnis ist um den Ursprung der

Begegnung, und das Geheimnis dauert fort. Denn auch sich selbst bleiben sie, die Menschen der Begegnung, Geheimnis genug. Sie werden sich ihre Rätsel aufgeben, und werden, wie viele sie auch lösen, immer von neuem umgeben sein vom Dunkel: „Aber ich kenne dich noch lange nicht." Und sie werden traurig sein in dieser Unkenntnis und glücklich zugleich: so haben sie doch noch Wege vor sich, neuen Geheimnissen entgegen.

Gnade der Begegnung. Das will sagen: sie geschieht, sie widerfährt, und wem sie widerfährt, der weiß nicht, wie ihm geschieht. Aber dies: daß sie nun Gestalt gewinnt, daß sie wächst nach Regel und Maß, nach der Weise eines Kristalls, oder ohne Regel und über alles Maß nach Sonnenblumenweise – daran hast du den Anteil der Verantwortung. Denn du bist nicht Blume und nicht Edelstein, eure Begegnung ist Menschenbegegnung ganz und gar.

Wir gingen am Seeufer entlang, und der Freund erzählte von höchst wunderbaren Begegnungen. Aus dem Unscheinbaren waren sie vor ihn gekommen, ihre Leuchtkraft aber war groß. An der Wegbiegung sah ich einen Augenblick zur Seite und schaute den Freund an. Und dachte: mich wundert's nicht, daß dies dir begegnet. Denn du bist bereit.

Bereit wozu? Bereit dazu, der falschen und ängstlichen Herzenssparsamkeit den Abschied zu geben. Bereit, das Gedächtnis zu üben in der Aufmerksamkeit der Seele, und jene Phantasie zu entwickeln, die einen Menschen nicht nur als den sieht, der er heute ist, sondern immer zugleich auch als den, der er gestern war und der er übermorgen sein könnte. Bereit zu der Einsicht, daß im schwierigsten Gegenüber noch ein heimlich Bedürftiger steckt, im Gepanzerten noch ein Verwundbarer.

„Was dünkt euch um Christus?" Mich dünkt: in ihm sei ein Sternbild von ewiger Ordnung und Gültigkeit erschienen, und wir alle, die Menschen der Begegnung, sind ihm entgegengeschickt. In unser Tappen und Tasten, in Verschränkung und Verstrickung, in Lösung und Fremde hinein begleitet uns dieses reine Bild, und es läßt nicht ab, seine Strahlung auszusenden zu denen, die sich verirren, ein- und ein anderesmal, und die endlich sich finden.

IV

Ein Gott der Stolpernden

Die Sorge

Ein Wort, das wir von außen und von innen kennen, werde ins Licht gerückt, so daß der dunkle Glanz des Wortes sichtbar wird: das Wort *Sorge.* Nicht von „den Sorgen" soll die Rede sein, von den Kiesel-, Pflaster- und Zentnersteinen, die unsere Woche belasten, nicht von den leibhaftigen Gespenstern, denen wir am Wochenende für einen Augenblick Urlaub geben möchten, und sie treten oft genug diesen Urlaub nicht an – wir nennen sie hier nicht mit Namen, sie sind ohnehin uns allen bekannt. Die Rede soll kommen auf die Sorge als eine strenge, als eine nicht geringe, eine würdige Sache.

Auf den Bildnissen, die aus einer der großen Epochen unserer Kunst, aus Albrecht Dürers Jahrhundert, auf uns gekommen sind, ist dies der bedeutendste, der alle diese Antlitze insgeheim verbindende Zug: der Zug der Sorge. Nicht der Gram, nicht die Trauer sind vornehmlich eingezeichnet, aber auch nicht der Übermut – und der Gleichmut nicht, sondern eine Fähigkeit, mitbetroffen zu sein, eine Bereitschaft, mitzuhören, mitzuleiden, mitzulieben, die in eben diesem Wort, dem Wort „Sorge" sich ausdrücken läßt. Es geht nicht um die Neugier der unbeschäftigten Leute oder um das fiebrige Interesse, das man nehmen könnte an Menschen und an Dingen, weil man keine Kraft hat, mit sich selbst allein in leidlicher Gesellschaft zu hausen: es geht um den Anteil, den einer, ein einzelner, an dem nimmt, was ihm unmittelbar zuhanden kommt.

Ich sehe den Menschen der Sorge, dieser rühmenswerten Sorge, vor mir, Stirn und Auge und Mund sehe ich.

Nicht „versorgt", will sagen vergrämt, wird dreingeblickt, aber eben noch weniger satt und sicher und frech und am wenigsten hochmütig-unzugänglich. Es ist ein Antlitz mit Fenstern: „Schicksal und Anteil" haben Zutritt.

Einige der Fenster weisen ins Dunkle. Die Spur führt zu jener „stillen Grundtrauer" (um es mit Gottfried Kellers Wort zu sagen), die von dem nicht weicht, dem es in dieser Welt um mehr als um Essen und Schlafen geht. Die stille Grundtrauer, sie nährt sich treu und bitter-herb von der Einsicht in das Mißverhältnis zwischen dem, was wir sind und vermögen, und dem, was wir sollten.

Einige Fenster aber weisen ins Klare: sorgt euch nicht im Unübersehbaren. Es geht nicht darum, Sandsäcke in der Wüste zu schleppen, sondern es geht um die kleine, umgrenzte, wache Tat. Sehr vieles, so sagt das Antlitz des Mannes der Sorge, sehr vieles kann nicht durch mich getan werden; einiges wenige ist möglich. Für das „sehr Viele" bin ich – mit Schmerzen sehe ich meine Grenze – nicht verantwortlich. Aber einiges wenige wartet auf keinen anderen als auf mich.

Und über einigen Fenstern – über *einem* vielleicht nur – steht eine große Helligkeit. Die Falter der Schöpfung, die bunten, die schwerelosen, schaukeln vorüber, und die Vögel unter dem Himmel haben Flug und Gesang. Nicht Manneseifer und nicht Frauenfleiß haben diese Fensterscheiben so hell gemacht, auch spiegelt sich nicht Erdenklarheit darin. Wenn hier Licht ist, so ist es Licht im Widerschein aus dem Licht des Antlitzes, das in der Welt ist kraft der Klarheit des Wortes ewiger Tröstung. „Nehmet wahr der Raben: sie säen nicht, auch ernten sie nicht. Nehmet wahr der Lilien auf dem Felde, wie sie wachsen. Ihr Kleingläubigen, warum sorget ihr?"

Ich bin mit euch

„Mit": das ist ein Wort, bei dem uns das Herz aufgeht: das Wort der Freundschaft und des Vertrauens, der Zugehörigkeit und der Zusammengehörigkeit. „Mit": aus Hellas kommt es zu uns her, in der Entscheidung der Antigone: „Nicht mitzuhassen, mitzulieben bin ich da." Da ist ein Reich des Hasses, das zeigt seine Kraft, die Kraft, Menschen an sich zu reißen, und da ist ein Reich der Liebe, und ihm will ich zugehören – mit ihm will ich sein. Und im Buch Genesis lesen wir in der Geschichte von Abrahams Opferweg den Satz: „Und gingen die beiden miteinander" – und in diesem „miteinander" sehen wir sie: diesen Vater und Isaak, den Sohn, und in Reden und Schweigen das Vertrauen, das sie umschließt.

„Ich bin mit euch": das ist des Ewigen Wort. Gibt es eine Antwort auf dieses Wort – unsre Antwort? Und wenn es sie gibt, wie lautet die Antwort? Sie lautet: „So wollen wir mit dir sein." Das aber, Freunde, sind nicht zwei gleiche Hälften, wie die Hälften eines Apfels oder die Hälften eines Rings. Das eine und erste, das göttliche „Ich bin mit euch", ist das Eine und das Ganze. Aber weil wir nun doch nicht stumme Wesen sind, sondern redebegabte, geistbeschenkte, darum werden wir dieses Ja nicht schweigend empfangen, sondern mit unsrem kleinen Ja das große Ja beantworten.

Das Geheimnis des Leichten

Gottes Weise – lehre uns besser, Herr, wenn wir unweise von deiner Weise reden! – ist andere Weise. Die ewige Vollkommenheit ist mit dem Bruchstück befreundet. Gott ist's, der die Niedrigkeit seiner Magd ansieht, er ist nahe der seufzenden Kreatur und nicht fern von dem Wanderer, der keine drei Schritte Wegs vor sich sehen kann. Gottes Weise ist die, die den Betrübten, den Schuldbetroffenen noch, besser versteht, als er je sich selbst verstehen kann; und da sie ihn besser versteht, weiß sie mehr, als Richter und Weise je wissen können. Gottes Weise: sieh, sein Lächeln inmitten der Schöpfung: der Frosch ist da und der Schmetterling, und der Vogel auch, und in ihm das Geheimnis des Leichten, das keine Wurzeln kennt. Und im Abglanz noch: es lächeln die Narren Shakespeares und sagen so, im Lächeln, ihre schönsten Dinge, ihre weisesten; und auch die Musik ist unter dem Vorzeichen von Gottes Lächeln geschrieben.

Ich kann Ihnen freilich das eben nicht sagen, was ich so gerne sagte; ich kann Ihnen nichts von den fünf Takten im Andante sagen, in denen der Oboe die Melodie anvertraut ist. Ich weiß, Sie würden alsogleich, kaum daß die Musik an Ihr Ohr dränge, in schwerer Traurigkeit nichts zu sagen haben als: Wüste, Wüste. Da Sie mir aber erlaubt haben, mit Ihnen zu sprechen, so lassen Sie mich Ihnen als in der Wüste sagen, was noch über Mozart ist. Im Buch des Auszugs nämlich wird von denen, die in der Wüste in Not und Gefahr unterwegs sind, berichtet, sie seien nach langer Reise endlich an ein Wasser gekommen. Wasser, das Leben. Und dann heißt es: „Da sie's aber trinken wollten, da konnten sie's nicht trinken, denn es war sehr bitter." Und weiter: es habe der Herr dem Manne Mose einen Baum, eine Wurzel gewiesen, die tat Mose ins Wasser, und das Wasser ward süß: Keine Weihnacht geht über die Erde, ohne daß wir nicht dieser Wurzel gedenken, der „süßen Wurzel Jesse", die uns zugute gekommen ist: des Christus. Und an jedem Karfreitag wird von neuem der Name der tiefsten Liebe geoffenbart, und er heißt: Opfer. Dies aber ist uns, der Welt, geschehen, und Geschehenes, wir können es, zu unsrem Glück, nicht ungeschehen machen. Wäre uns dies gewiß, wie uns ein Rechenexempel gewiß ist, wir könnten sichergehen auch durch eine lange Nacht. So freilich ist es nicht bestellt mit uns. Aber Gott ist ein Gott auch der Stolpernden und der Hinkenden.

Zweifelnden recht raten

Und doch: Es geschieht. Zweifelnden recht zu raten *ist* eingestiftet in diese Welt als ein geistiges Werk der Barmherzigkeit, und zuweilen wird es verwirklicht.

Es geschieht. Es gibt den einen, der es wohl einsieht, daß das, was er nun tut, nicht das Eigentliche ist. Eigentlich – so sagt er sich – müßte ich den Zweifler *begleiten:* ich müßte an seinem Leben teilnehmen ... von Montag bis Sonnabend, und am Sonntag von neuem; ich müßte mit seinem Lohn auskommen und in seiner Wohnung leben; müßte seine Umwelt ertragen – an seiner Statt ... Nun wagt einer, in der mutigen Phantasie der Seele, auf diesen Wegen immerhin einige erste Schritte, und sein Rat, der zögernd gegebene, wird wahrhaftiger, wird guter Rat.

Und dies geschieht: Der Ratgeber, der so ganz denn beim Zweifler ist, ist zugleich – glückseliges Zugleich – im Glauben. Im Glauben an die ewige Barmherzigkeit, die beide, den Ratgeber und den Zweifler, umschließt; sie läßt ihn erfahren, daß alles Ratgeben nichts ist als das Echo auf zuvor vernommenes Wort: „Du leitest mich nach Deinem Rat" – und Leihgabe aus solchem Rat.

Was im Rat gefordert und gegeben wird, ist ja häufig nicht mehr als: Licht für einen Augenblick, Erhellung über dem Dunkel der Frage: Was soll ich *jetzt* tun? Der Ratgeber rät im Vertrauen darauf, daß der Himmel offen ist.

Daß alle Sterne leuchten ... nein, das kann er im Ernst nicht erwarten; am Abendhimmel dieser Erde leuchten nie alle Sterne; aber ein, zwei Sterne vielleicht, und für ein, zwei Schritte vielleicht genügt der Rat.

Von einem der großen frühen jüdischen Ratgeber, vom Rabbi Hillel, stammt das Wort: „... und wenn ich für mich allein bin, was bin ich?" Das deutet auf die tiefe Zusammengehörigkeit, die sie umschließt, sie beide: den Ratgeber und den Zweifler. Darauf: daß sie einander brauchen, daß sie einander Brot reichen; daß sie erst einer im anderen zu ihrer eigentlichen Erfüllung kommen.

Bruchstück des Menschlichen

Es ist eine große Sache, wenn in unsren Tagen ein Haus da ist, in dem man sich redlich müht um Klarheit über die Fragen alles Menschenuntereinander und alles Völkeruntereinander, ein Haus, in dem Ja Ja und Nein Nein ist, in dem ein mutiges Ja und ein tapferes Nein gewagt wird: die Gottesliebe, der Blick auf das ewige Wort, auf Gebot und Verheißung Gottes, sie rufen uns aus dem dumpfen Ungefähr in solche Klarheit.

„Wie die Sonne aufgehet in ihrer Macht": wenn sie höher steigt, am Horizont, die Sonne jedes Tages, so *erwärmt* sie unsre Welt. Sie ist ja in unsren Breiten nicht der verzehrende Feind, vor dem man sich schützen muß, sondern das Gestirn, das – mit dem Wort des Dichters Hans Carossa gesprochen – „sein Licht so milde stimmt, daß wir es ertragen". In einer Welt, in der die Mächte der Kritik, der Verneinung, der Nichts-als-Klugheit übermächtig zu werden drohen, bedürfen wir so sehr jener Wärme, in der es den uns anvertrauten Menschen wohl wird. Die dumpfe Gemütlichkeit lobe ich nicht, und die künstliche Herzlichkeit ist nicht gemeint; dergleichen nützt sich ja rasch ab – wie ein billiges Haushaltsgerät. Und die Feuerbrände? Die Feuerbrände verlodern. Aber auf einen väterlichen Bruder – und später dann auf einen brüderlichen Vater, auf einen mütterlichen Menschen *mehr* kommt es an.

Mit der Aufgabe, die sich hier stellt, werden wir nicht fertig. Es gilt, der Sonne gleich, zugleich erhellend und erwärmend in dieser Welt zur Stelle zu sein. Das will sagen: so dem Dienst an der Wahrheit verpflichtet, daß darüber die Liebe nicht gekränkt wird. So der Liebe zugehörig, daß die strenge Wahrheit darunter nicht leiden muß. Hier bleibt alles Bruchstück: aber es ist ein großes Glück, beginnen zu dürfen.

Und ein großes Glück ist es, dies zu erfahren: wenn wir schon ihn, unsren Herrn, nicht recht lieb haben können, so versteht sich doch Er auf dieses Liebhaben über alles Bitten und Verstehen. Er hat uns „zuerst geliebt", und er will uns – und unser Bruchstück – lieben bis zuletzt.

V

Unser wahres Antlitz

Wider die Langeweile

Zuweilen, wenn ich über den Sonntag nachdenke und über das, was die freien Stunden des Sonntags uns bedeuten und bedeuten könnten, fällt mir mein kleiner Bruder ein – Kindheitseindrücke haften ja so stark – man lasse es gelten, wenn ich bei meiner Besinnung von einer persönlichen Kindheitserinnerung ausgehe; der kleine Bruder, ein lebendiger und kluger Bursch, überraschte damals uns, seine Brüder, mit dem Seufzer, am Samstagabend vorgebracht: „O, wenn es doch nur keinen Sonntag gäbe! Das ist so ein furchtbar langweiliger Tag!" Er konnte sich nicht genug daran tun, uns die Öde seines Sonntags zu schildern und von seiner Freude zu sprechen, die ihn an den Montagmorgen denken ließ, als an die Stunde, da man wieder wisse, was man mit seiner Zeit anzufangen habe.

Nun also, der kleine Bruder fällt mir ein, wenn ich jetzt an unsre Sonntage denke. Wir, die älteren Brüder, haben damals dem Jüngeren gewiß entgegengelacht und haben den Sonntag in allen Tonarten gepriesen, und wenn ich damals schon nicht gewußt habe, was Langeweile heißt, so habe ich es inzwischen nicht wissen gelernt. Wohl aber habe ich gelernt, wahrzunehmen, was das ist; und daß man sich um die Langeweile als um eine Erkrankung der Seele kümmern muß, weiß ich freilich nicht erst seit heute, und dazu bedurfte ich auch der Erfahrungen nicht, die einem – sagen wir: in einem Vorstadtkaffeehaus Sonntagnachmittag um vier Uhr – ins Gesicht springen …

Das Problem der Langeweile, die Krankheit des Menschen, der mit sich und seiner Zeit nichts anzufangen weiß – und darunter leidet – (leidet er nicht darunter, so dürfen wir nicht von Langeweile reden, sondern von einer etwas wunderlichen Art von Muße), das Problem ist zu vielschichtig, um in einer kleinen Besinnung vor Sonntag betrachtet werden zu können. Seine Erhellung und seine Heilung erfordern viel Aufmerksamkeit, unsre Soziologen, unsre Betriebsärzte, unsre Fabrikfürsorger, unsre Psychologen und unsre Theologen wissen es gut.

Ich möchte nicht mit großem und grobem Geschütz auffahren, sondern mich nur mit zwei Erwägungen gleichsam am Rande, und dann doch nicht nur am Rande, melden. Mit zwei Ratschlägen wider die Langeweile.

Der eine heißt: man möge den Mut haben, sich selbst etwas zuliebe zu tun. Man möge sich mitunter die Freiheit nehmen – und das ist oft gar nicht leicht – ausdrücklich das zu tun, was man selbst wirklich gerne tut. Und weil auch Familienmitglieder da so ganz verschiedene Wünsche haben („was dem einen sin' Ul' ist dem andern sin' Nachtigall"), darum ist, selbst bei traulichem Zusammenhalt, der Familienspaziergang als Regel nicht gerade die Regel der Kurzweil.

Und zum andern: man möge mit der gleichen Leidenschaft, mit der man für eine kleine Zeit an sich und seine Wünsche denkt, jeweils einen Menschen am freien Tag etwas zuliebe tun. Man kann es vielleicht nicht sieben oder acht Menschen tun, man kann es nicht allen Familienmitgliedern gleichzeitig tun, aber für einen Menschen, und jeweils wechselnd bald für den und bald für den, sich etwas auszudenken, was für diesen anderen Menschen erquicklich ist, das erfordert ein solches Maß von Erfinderlust und Phantasie des Herzens, daß darüber unversehens der Langeweile der Garaus gemacht ist.

Der Bruder, wenn er noch leben würde, – heute würde er gewiß sich nicht mehr langweilen. Und ich glaube, er würde, wo er – bei anderen – der Langeweile begegnete, meinen Vorschlag annehmen als einen Vorschlag zur Güte.

Warte, bis es dunkel ist

Bei der Morgenpost war ein Brief, der mir nachging. Die Schrift, gleich auf dem Umschlag, verriet eine schwere Hand, das karierte Blatt wies einen Mann aus, der nicht von Berufs wegen schreibt, und auf dem Blatt stand zu lesen: „Zu Hause, in Nordmähren, wo ich einen Bauernhof bewirtschafte, war es mir möglich, Bücher zu kaufen, so daß ich schon fast tausend Bände zählende Hausbücherei besaß: Hölderlin, Goethe, Hebbel, Grillparzer ..." Der Brief ging noch weiter, aber schon dieser eine Satz genügt ja, um den Mann zu sehen: ihn, der nach einem strengen Tagwerk eine Freude daran hat, sich vor dem Schlafengehen noch mit einem Buch zu befreunden, ihn, den wirklichen Leser. Wir sind froh, zu wissen, daß es ihn gibt, und es muß unsre Sorge sein, darüber zu wachen, daß er nicht gar so selten wird.

Es hat ja Zeiten gegeben, in denen man die Menschen ermahnen mußte, über dem Lesen das Leben nicht zu vergessen, aber diese Zeiten sind vergangen. Heute ist die umgekehrte Mahnung am Platze: vergiß über dem Leben das Lesen nicht! Von Posaunenklängen, die für das Buch werben, halten wir nicht viel; aber mit ruhiger Stimme ließe sich einiges wenige sagen. Etwa dies: daß ein außerordentliches Schicksal uns freilich auch im Film vor Augen gestellt werden kann, daß er, wenn es hoch kommt, ein Stück Leben, wie es wirklich ist, uns zeigen kann; aber es ist ein anderes, ob wir uns das gefallen lassen als Zuschauer vor der Leinwand, oder ob wir als Leser, das heißt als Mitarbeiter, gefordert sind. Ein Buch ist nur sehr zur Hälfte des Verfassers Werk, es verlangt das

Gegenüber, in dem es aufgenommen wird, in dem es zu sich selber kommt, in dem es sich einrichten und entfalten kann, und dieses Gegenüber ist der wirkliche Leser.

Das Bündnis zwischen dem richtigen Buch und dem richtigen Leser gleicht dem Bündnis einer ernsten Liebe. In einem einzigen Augenblick mag es sich schließen, Bündnis einer Liebe auf den ersten Blick. Aber in der Folge bedarf es der geduldigen Treue, der Umwege, der Wiederbegegnungen, der Bewährung in besonderer Stunde, und auch dann ist das Buch nicht unser Eigentum, sondern – ein Gast. Eine letzte Unzugänglichkeit bleibt bestehen.

Wohl: nicht wenige Bücher werden uns darin Dienst tun, daß wir, vom eigenen Leben aus in fremdes Leben blickend, dem Eigenen uns neu verpflichten. Licht dringt in unsre Augen, Feuer schießt ins Blut, ein klarer Wind fegt über das Gewissen hin, Helles geschieht im Hellen. Aber dann gibt es Bücher, die den altrussischen Heiligenbildern gleichend, zu sprechen scheinen: warte, bis es dunkel ist! Mitten im Tag trittst du über die Schwelle des Hauses und begreifst nicht, was denn Sonderliches an dem rauchgeschwärzten Ikonenbild sein soll. Aber warte, bis es dunkel ist: dann glüht der Goldgrund auf, und die Edelsteinaugen haben eine großen und feierlichen Glanz. Warte, bis es dunkel ist – das bedeutet: in einer bangen Stunde deines Lebens trifft dich eine Seite im Buch, ein Satz nur, und schon ist die Nacht blicklose Nacht nicht mehr, und die Finsternis, vor der dir grauen will, hat Namen und Gesicht.

Verschwendung

Der Gärtner war da. Er kam von einer großen Rosenschau, in der er einer der fünf Preisrichter gewesen war; in seinem Bericht schwang ein Ton mit, der kam aus Tausend-und-einer-Nacht, etwas vom „Märchen heute": wie in der Nacht Flugzeuge aufgestiegen waren, überall in Deutschland, in der Normandie, in den Tälern des Tessin und wo sonst noch – und ihre Fracht waren Rosen. In der Frühe des Tages standen sie hier in breiten Schalen, in hohen Kelchen, und die Rosenzüchter stellten sich ein, die aus Schiras und die aus Australien auch, und sie sagten: Gloria Dei, Gloria mundi, Maréchal Niel, Madame Druschky ... In einer Geheimsprache redeten sie miteinander, aber es war eine andere als die Geheimsprache der Diplomaten, denn sie sprachen von den Geheimnissen der Schöpfung, an denen sie teilhatten auf ihre Weise: wachend und prüfend und eifrig-erstaunt.

„Und das alles für eine Blume", sagte der Gärtner. „Ja", erwiderten wir, „und diese eine ist ja nur eine unter tausend, und für tausend wacht die Gottessorge. Hier ist die Rose; aber auch die Sonnenblume ist da, die schwarzgoldene, und das Asternfeld, und vergißt du den Birnbaum und den Weinberg und die Spätkartoffelfelder weit im Land? Und du gehst, und einige Früchte liegen am Weg, Heckenrosenbüsche blühen und verblühen, und keiner nimmt sie wahr, Pilze dringen aus regendunklem Erdreich auf, und keiner sammelt sie, und alles ist wie Stimme aus dem Chor der Gottesschöpfung ... die Tonart aber, aus der diese Musik geht, heißt „Verschwendung". Es gibt auch andere Tonart. An keinem Tag ist verschwiegen, daß der Acker Dornen und Disteln trägt, daß Ernte und Mühe zusammengehören. Und daß wir vom abgeernteten Acker hinüberblicken zum letzten Acker, den gläubiger Sinn „Gottesacker" nennt, geschieht um der Wahrheit willen. Aber wer Erntedankfest sagt, der hört den Ton, der über dem Todestor ist und *über* dem Ton auch, der es weiß: „Im Schweiß deines Angesichts sollst du dein Brot essen!"

Erntedankfest spricht ein klares Nein und ein klares Ja. Das Nein ist ein Nein zum Geiz in jeglicher Gestalt. Du sollst eine sparsame Linke und eine kühn-offene Rechte haben. Du sollst nicht ins Grenzenlose hinein Verantwortung auf dich nehmen über deine Kraft, aber du sollst dich mehr als vor allem anderen fürchten vor einem gar zu klugen, vor einem kargen Herzen.

Und das Ja ist das Ja zum Wagnis in jeglicher Gestalt.

„Licht ist Verschwendung, Mond und Sternenschimmer,
Schlohweißer Weg im dunkeldunklen Tann –
Und wer bin ich, o Gott, wenn ich mich nimmer
Verschwenden kann?"

Aber du *kannst* dich verschwenden. Jeder Strauß, den du pflückst, für den Altar oder für dein Haus auf diesen Tag, jede Schale, die du füllst, jeder Becher, den du darreichst, was immer geschieht, es geschieht untertan *einer* Weisheit, *einer* Weisung, untertan der Weisheit von Gottes seliger Verschwendung, untertan der Weisung: verschwende!

In ein Stammbuch geschrieben

Das Patenkind hat mir sein Album dagelassen, ich soll etwas eintragen. Wir kennen diese Bücher und haben gewiß mit manchem Eintrag schon unsre liebe Not gehabt. Heißen wir es ruhig eine liebe Not. Es lohnt sich, auf die Erfüllung einer solchen Bitte Sorgfalt zu verwenden, und es kann sich auch lohnen, so ein Album sich anzusehen und den Zusammenklang über die Seiten hin zu hören oder den Nichtzusammenklang. Es wird freilich nicht jedes so eigenartig und bedeutend sein wie das Album, früher sagte man „Stammbuch", des Goethe-enkels Walther von Goethe. In ihm finden wir zwei Einträge, die ganz beisammen stehen, und man sollte über sie nachdenken. Über jeden für sich und über beide zusammen. Jean Paul, der gefeierte Dichter der Epoche, hat sich im Stammbuch des Knaben so verewigt: „Der Mensch hat hier dritthalb Minuten: eine zu lächeln, eine zu seufzen und eine halbe zu lieben, denn mitten in dieser Minute stirbt er." Und unmittelbar darunter steht in Goethes herrlich-energischer Altershandschrift geschrieben: „Ihrer sechzig hat die Stunde / Über tausend hat der Tag. / Söhnchen, werde dir die Kunde, / Was man alles leisten mag."

Wir können es uns gut vorstellen: der alte, rastlos tätige Goethe hat sich über den Spruch des Jean Paul ein wenig erzürnt, und er sagte sich wohl: dem Söhnchen, dem Enkelkind muß erzieherischerweise eine Art von Ausrufungszeichen zugeschrieben werden: „Söhnchen, werde dir die Kunde –" Aber wie stellen wir uns, wir, die nicht mehr so einfach die Söhnchen sind, wir, die wir – wenn man so sagen kann – drunter und drüber stehen? Wem geben wir recht, Jean Paul oder Goethe? Sie haben beide recht. Daß das Wort des Jean Paul eine sehr schöne Botschaft bringt, fühlen wir wohl. Diese Botschaft weiß nicht wenig von dem Reichtum und der Armut des wirklichen Lebens. Lächeln, sagt sie, ist des Menschen erstes, seliges Teil. Sein Kinderteil, sein Teil an der immerwährenden Kindheit. „Nicht die Sonne ist Licht, / Erst im Menschengesicht / Wird das Licht als Lächeln geboren –“: so haben wir die Dichterzeile gelernt, vor langem schon, als wir noch ganz in Lächelns Nähe lebten. Und Seufzen – sagt die Botschaft – ist Menschenlos, und sie sieht aller Kreatur auf ihres Wesens Grund, wenn sie vom Seufzen spricht. Und dann sagt sie: eine dritte Minute hat er für die Liebe, aber sie nicht ganz, sie nur noch zur Hälfte. Und wir wissen, bang und schwer: so ist es. Wissen, daß wir nun und nie genug liebhaben, und daß noch die süßeste und erfüllteste Liebe ein Bruchstück bleibt, gerade sie.

Darf man an dieses zarte Gespinst den kräftigen Windhauch aus Goethes Wort heranlassen? Ja, man darf. Bei dem Tätigen ist das Recht. Tag und Werk, Lebensstunde und Lebensleistung: sie reimen sich aufeinander. Man soll den Satz des romantischen Dichters nicht zu einem Wolkenkissen für Träumer machen und von ihm aus auf Goethes Wort herabblicken, als wäre hier nur eine etwas philiströse Anweisung zur Betriebsamkeit gegeben. Nein, es gibt vielmehr einen Platz auf der Höhe, von dem aus wir innewerden, daß die beiden Worte einander zugewandt sind. Der bewegliche Sinn, der Sinn des Lächelnden, des Seufzenden, des Liebenden, es ist der Sinn dessen, der Eile hat, das Seine zu tun, so lange der Tag, der kurze Tag ihm währt: dritthalb Minuten nur.

Aber auch der, der „ihrer sechzig, über tausend" sagt, weiß, daß alle Leistung fragmentarisch bleibt. Sie gilt für diese Welt, die Leistung. Aber es bliebe dunkel über dem Weg des Tätigen, ohne das Licht einer Verheißung, die mit dem Bruchstück Freundschaft geschlossen hat, der Verheißung, von der Paulus den Korinthern schrieb: „Wenn aber kommen wird das Vollkommene, so wird das Stückwerk aufhören."

Maske und Person

Die Sehnsucht danach, zuweilen ein anderer sein zu dürfen als der, der man wirklich ist, die Sehnsucht also nach einer Maske scheint tief in uns verwurzelt zu sein: das Fastnachtstreiben, das herzhafte und ebenso das trübselige – beide leben davon. Auch begleitet uns diese Sehnsucht bei unsrem Gang ins Theater und in den Filmpalast. Denn dort ist es uns – gestehen wir's uns nur ein! – nicht genug, Könige und große Damen, weise Narren und unweise Gaukler zu *sehen*: etwas in uns verlangt danach, ihr Leben zu haben, und wärs nur für die Dauer einer Stunde der schönen Täuschung. Wir wollen dessen gewiß sein, daß wir mehr als ein Leben haben, daß wir auch dieses andere Leben mitleben könnten in uns, oder: daß dieses andere Leben unser eigentliches Leben sei.

Aber wie ist es dann auf dem Heimweg vom Karneval, vom Schauspiel, vom Flimmerbildersaal? Und das Antlitz, das uns dann im Spiegel anschaut, ist es unser wahres Antlitz – oder eine Maske? Mir kommt ein kleines „Gespräch zu dritt" in den Sinn: man höre es und beteilige sich daran.

„Ich wundere mich, daß du so sein kannst, wie du bist", sagte der Freund zum anderen.

„Wie denn?"

„Nun: gelassen, ausgeglichen, milde."

„Ist das wahr?" fragte der so Angeredete den dritten, der dabeistand, „bin ich das wirklich, bin ich wirklich so?"

„Nein", sagte der dritte, „du bist es nicht. Du bist einer, der siebenmal am Tag explodieren könnte. Aber du explodierst nicht."

„O", sagte nun, betroffen genug, der erste, „dann trage ich also, deiner Meinung nach, eine Maske, die Maske der Gelassenheit, der Ausgeglichenheit, der Milde?"

„Du kannst das so heißen. Und ich weiß, es ist nicht nur anstrengend, derlei zu tragen, sondern auch nicht ganz ungefährlich. Ich weiß: es kann einer unter solch einer Maske verderben. Die Richter und die Ärzte können ein Lied davon singen. Aber ich schelte dich nicht. Unter dem Schutz solcher Milde, mag sie noch so mühsam errungen sein, mag sie noch so schwer sich bewahren, unter solchem Schutz reift dein lebendiges Leben, und es reift wohl, wenn du nicht allezeit Zuschauer hast, die dein Innerstes kennen im Spruch und Widerspruch. Freilich: es soll gelten, was geschrieben steht: ‚Was will ich? Ich will Redlichkeit.‘ Vor dir selbst, in der einsamen Kammer, in der Stille der Nacht, wag's, wahr zu sein, soweit ein Mensch es vermag. Und zu Hilfe und Unruhe in einem ist dir ja das wirkliche Bild von dem Menschen, wie er von Gott gemeint ist, vor das innere Auge gerückt."

„Ich soll also nicht alles, was in mir ist, ans Tageslicht rücken?‘"

„Nein, das sollst du nicht. So wahr als du noch etwas anderes bist als – Natur."

„Wie? Du weißt: meine Ausgeglichenheit, meine Milde, meine Gelassenheit – sie sind zu einem guten Teil Schein, sag' doch ruhig: Heuchelei – und du lobst sie?"

„Ich lobe – die Zucht."

„Was bin ich, bündig gesagt: Maske oder Person?"

„Alle Masken können dir dazu dienen, Person zu *werden*."

VI

In Ihn hinein

Gottesdienst

In Ihn hinein wie in erhellte Länder
Geht unsre Fahrt auf unbekannten Wegen,
Ihm tragen wir wie einen Dank entgegen
Pekeschen oder würfige Gewänder. –

In Seinem Namen wir das Brot uns brechen,
Aus Seinem Garten kosten wir die Frucht.
Noch in des Herzens wanderwilder Flucht
In allen Abend Seinen Segen sprechen

Und keinen Morgen ohne Ihn begrüßen,
War unsres Herzens Ruf, Gesetz und Weisung.
Und Glanz und Not, vom Tage zugebracht,

Ihm auszubreiten, knieend Ihm zu Füßen,
Und arm an Ihn zu ruhen als Verheißung
Des aufgetanen Ackers in der Nacht.

Wagnis des Gebets

Es gilt einzusehen: daß uns unsere Worte anklagen werden wie tausend Kläger: solche, die wir zur Zeit und zur Unzeit gesagt, und solche, die wir zur Zeit und zur Unzeit nicht gesagt haben. So wahr das, was im Bezirk der Sprache geschieht, nicht aus der Welt fällt, so wahr unabsehbare Wirkung zum Gespräch gehört, so wahr die Straße, die von unserem Wort in die Welt führt, nicht mehr zu uns zurückfindet wie die ewig vergangene Zeit, so wahr ist von allem Menschenwort im Grunde zu sagen, was Hiob sagt: „Ich habe unweise geredet, was ich nicht verstehe und was mir zu hoch ist."

Was aber nun geschehen kann, das ist, daß die am Menschenwort Tief-Erschrockenen und von der Menschenstummheit Tief-Betroffenen es wagen, die allzeit angelehnte Tür des Heiligtums zu öffnen. „Rede, Herr, dein Knecht hört."

Es kann geschehen, daß sie es wagen, vor dem, der im Anfang das WORT war und – soviel auch hier Menschenwerk und Menschentrübnis verdüstert – in jenem einen „Worte Gottes" sich offenbart, als die Horchenden zu stehen. „Lärm der Sprache, Worte, die der Mund beginnt und endet: was hätten sie gemein mit deinem Wort, unserm Herrn, dem Worte, das in sich selbst verbleibt, ohne Altern und ewig alles, was da ist, erneuert"; so hat der horchende Vater der alten Kirche, Augustinus, Menschenwort und Gotteswort geschieden; so streng hat er uns, die Sprechenden, angewiesen: zu behalten, was wir „Gnade der Begegnung" nannten, mit dem Ernste, der sich in keinem Betracht als Herr der Gesprächs fühlen dürfte.

———

Und es kann geschehen, daß sie es wagen, hier zu stehen als die Betenden. Groß, unübersehbar groß bleibt vor den Augen der Erschrockenen das Vakuum aus Furcht und Hoffnung: die Stätte des Gebets. Nicht die geöffneten Augen, nicht die schlagenden Herzen, nicht die tätigen Arme, sondern allein die gefalteten Hände sind hier gemeint. Der creator spiritus, der Schöpfer Geist, der in Anselm von Canterburys großem Gebet angeredet wird, „der du im Glücke die Seele wahrest und in der Not ihr Beistand bist, der du von Missetaten reinigst und Wunden heilest, du Lehrer der Demütigen und Richter der Hoffärtigen, du Hoffnung der Armen, du Labung der Matten, du Stern auf dem Meere, du Hafen im Schiffbruch" – er ist der wahre Bildner und Brückner des echten Gesprächs.

Endlich, daß sie es wagen, hier zu stehen als die Bezeugenden. Es ist auch jetzt der „Schatz in irdenen Gefäßen" – aber es sind doch Gefäße. Hier ist der Ort des Trostes, in dem ein einziges Bibelwort, aus Schülermund ihm zugesagt, den großen Johann Albrecht Bengel die Anfechtung überwinden macht. Hier ist der Ort der Beichte, an dem es nicht um die Verzauberung der schönen Seelen, sondern um die Bindung und Lösung der erschrockenen Gewissen geht. Hier ist der Ort der Gemeinde, da der Versöhner den Zaun zerbrach.

Gottes Antwort heißt Freiheit

Das Gespräch des Herzens, wie arm oder wie reich es sein mag, wie wissend und wie weise: eines hat es nicht in sich selbst, es hat nicht erlösende Kraft. Die Liebenden in der Welt sind glücklich darin, einander das Gleiche zu sagen: „Du nimmst mir das Wort von der Zunge ...“; und von den Streitenden weiß man, daß ihnen die Erfahrung des „Wie man in den Wald hinein ruft –“ recht nach dem Herzen sein kann, sie leben in ihrem Streit vom Widerstreit; aber die so sehr Verzagten, die sprechen nicht gerne mit dem Menschen, wenn sie sich im voraus sagen müssen: „Ach, ich weiß schon, was er mir antworten wird.“ Sie aber sind es dann auch, in denen unser Schriftwort zu leben beginnt. „Ich rief zu dem Herrn in meiner Angst, und er antwortet mir“: da ich es wagte, mit leerer, geöffneter Hand vor den Ewigen zu treten, da wurde mir zuteil, was ich mir nicht selbst sagen konnte: das Unvorhergesehene, die andere Antwort.

„In meiner Angst rief ich“, sagt der Prophet Jona. Angst: das ist Beengung, Atemnot, Angina pectoris, Verstrickung des Gemüts. Wir laufen unsre Wege, wie Jona sie läuft, Wege der Flucht in der Flucht unserer Tage; wir verknüpfen das eigene Los mit dem Los der anderen, und wenn *wir* es nicht verknüpfen, so verknüpft sich's auch ohne unser Zutun und wird zum Seil und zum Netz, Seil der Liebe und Netz der Last. Dann kann es geschehen, wie es dort bei Jona geschieht: daß die, die mit uns auf dem Schiff sind, uns ausstoßen möchten aus der Gemeinschaft, daß sie nach Trennung der Lose verlangen. Und gerade in diesem Augenblick großer Not und Gefahr – so lesen wir – beginnt das mächtige Leben von Gottes Antwort. Gottes Antwort heißt *Freiheit.* Da ist das offene Meer, und da ist der Schlund des großen Fischs; aber beide, Woge und Fisch, sind die Boten der Rettung.

Betglocke

Wollst zu dir alle rufen,
Uns Kinder, Männer, Fraun,
Die wir auf dunklen Stufen
Dem lichten Laut vertraun.

Du Ruh ob jedem Streite,
Du Kraft ob jedem Keim,
Wir laufen in die Weite,
Du aber bringst uns heim.

Geheiligt werde Dein Name

Dein Name: welcher Name? Der, den uns der Herr selbst anrufen heißt: Unser Vater.

Das ist der, welcher vor den Weisen und Klugen die Zeichen und Lichter seiner Herrschaft verbirgt, den Unmündigen aber Türe um Türe und Fenster um Fenster auftut. Der, welcher viele Wohnungen der Freiheit hat in seinem Hause.

Und ist doch auch der, welcher an dem Beter im Ölgarten, an Jesus Christus, den Kelch des Leidens nicht vorübergehen läßt. Der, welcher Feinden – und was für Feinden – vergeben mag: „denn sie wissen nicht, was sie tun". Der, in dessen Hände sich der Mann am Kreuz befiehlt.

Diesen Namen darfst du anrufen. Mitten in aller Verborgenheit und aller Verworrenheit, mitten in allem Dunkel – es sei nun Dunkel um dich oder Dunkel in dir – darf das wahr sein: Vater, ich rufe Dich! Ich habe nicht mit dem Zufall zu fechten. Ich habe nicht mit einem blinden Schicksal zu hadern. Ich träume keinem „höheren Wesen" entgegen. Ich wage, „Vater unser" zu sagen: und dabei den zu meinen, den Jesus Christus Vater nennt.

Und das ist schon ein großer Unterschied: ob es ein Unbekannter ist, der dir begegnet im unbekannten Land, oder ob der, welcher dir unversehens gegenübertritt, einer ist, den du bei seinem Namen nennen kannst. Ist's ein Unbekannter, so ist's vielleicht ein Feind, vielleicht ein Freund, du weißt es nicht. Ist's einer, dessen Namen du kennst, so darfst du gewiß sein, daß dir von ihm nichts Fremdes geschieht, es geschehe dir nun Liebes oder Leides: denn der, von dem dir's geschieht, ist dir nicht fremd.

Das Zeichenwort

Die Großmutter, die wunderbare, alte Frau, setzt sich an mein Bett zum Nachtgebet; ihre Gebetsauswahl war groß, aber meine Erinnerung nennt mir einen bestimmten Text, ein Abendlied Lavaters, beginnend: „Gott der Tage, Gott der Nächte …" und gleich dieser Strophenanfang zerging mir, mystische Speise, auf der Zunge. „Da ward aus Abend und Morgen der erste Tag": das Geheimnis vom großen Schöpfungsbild – es kehrte zurück; aber nun war die ordnende Macht – Person geworden: die Zeiten und die Zeiträume, Tage und Nächte lagen wie dunkle Mulden im Unübersehbaren, aber die Stimme hier in der Schlafstube sprach mit Einem, der hört. Jetzt kam die Strophe, auf die ich mich so besonders freute:

„Vater! dieser Nam' erweitert
Jede Brust voll Angst und Schmerz.
Wie der Mond die Nacht erheitert …"

Meine erste große Kinderleidenschaft, die Leidenschaft für die Astronomie, hatte schon recht ernsthaft in mir begonnen; ich kannte mich am Himmelsgewölb wahrhaftig ganz ordentlich aus; damals waren ja Berliner Vororte abends noch dunkel genug, um vom Balkon aus wahrnehmen zu können: Cassiopeja, Leier, Schwan, Jupiter und Venus, Silberne Sichel, Erstes und Letztes Viertel und „wie der Mond die Nacht erheitert …". Lavater, der Dichtername, hatte noch nichts zu bedeuten; aber als er dann etwas zu bedeuten hatte, als er in seine Zusammenhänge trat mit Goethes Mutter und mit Goethe selbst, da ging es durch große Türen ins Offene hinaus, ohne, daß sich das Zeichenwort vom Anfang verdunkelte: „Gott der Tage, Gott der Nächte ..." Es gab keinen Bruch zwischen der Welt dieser Urbilder und der Welt der Bildung; viel Widersprüchliches fand sich zusammen: nicht ohne Mühe, doch ohne Feindseligkeit.

Der Augenblick

„Da es aber jetzt Morgen war, stand Jesus am Ufer; …" Da ist das Meer unsrer Zeit, gestern und heute und morgen, und da ist am Ufer – Jesus, der „Hilfe" heißt.

In diesem Namen ist Vergebung. Die Unumkehrbarkeit der Zeit wird nicht aufgehoben. Aber über der Last unsrer Vergangenheit, über den Wucherungen der Schuld steht die Vollmacht der Zusage: „Sei getrost; deine Sünden sind dir vergeben." Hier ist der Beistand Gottes; hier ist noch mehr: der stellvertretende Lastträger: „Wer will verdammen? Christus ist hier … und vertritt uns."

Und in diesem Namen ist: das wahrhaftige Licht. Die Undurchdringlichkeit aller unrer Zukunft wird nicht aufgehoben, und die Gottesschau wird nicht in dieser Zeit gewährt. „Laß mich deine Herrlichkeit sehen", hat Mose einst gebeten. Und es wurde ihm die Antwort zuteil: „Mein Angesicht kannst du nicht sehen". „Und dann dies: „Siehe, es ist ein Raum bei mir; da sollst du auf dem Fels stehen. Wenn denn nun meine Herrlichkeit vorübergeht, will ich dich in der Felskluft lassen stehen und meine Hand ob dir halten, bis ich vorübergehe. Und wenn ich meine Hand von dir tue, wirst du mir hintennach sehen …" Daß Gott im Dunkeln *wohnt*, das wird uns auch morgen viel Rätselnot bereiten. Aber daß er Licht *ist* – „und in ihm keine Finsternis" –, dafür steht uns der gut, den wir als den „Spiegel des väterlichen Herzens" erkennen, und er steht am Ufer. Am Ufer auch zwischen den Tagen, den Wochen und den Jahren.

Und in diesem Namen ist: die Gegenwart des ewigen Reichs. Unser „Heute" bleibt im Zwielicht;

Zusammenschau und Übersicht sind wunderseltene Geschenke. Heute und Morgen ziehen einen fremden Faden ins Gewebe von Gestern und Vorgestern, das Muster ist nicht zu erkennen. Wir alle werden von der Erfahrung gestreift, die in großer, ernster Dringlichkeit Helmut Gollwitzer beschrieben hat: als ihn ein Eisenbahnzug in russische Gefangenschaft entführte, da hörte er im Takt des Räderrollens die Worte aus Johannes 21, zu Petrus gesprochene Worte als zu ihm gesprochen, heute: „Und führen, wohin du nicht willst." So ist es: wenig geschieht, von dem wir, während es geschieht, so ganz begreifen, warum es geschieht.

Aber eines wird uns zuteil: die Gnade des Augenblicks. Wie sieht das aus: der Mensch in der Gnade des Augenblicks? Das ist der Mensch, der den Auftrag der Stunde als einen gottgegebenen Auftrag versteht, der zur Stelle ist, ein verläßlicher Spieler, der sein Stichwort nicht überhört. Und der, weil er über dem wunderlichen Auftrag das große „Heute", das „Alsbald" des Evangeliums, in lichter Schrift geschrieben, sieht, in diesem seinem Augenblick ganz da sein kann: in der gesammelten Kraft eines Menschen, der sich nicht spart, der nicht rechnet, nicht vergleicht, nicht zur Seite sieht … der nicht zweckgebunden lebt, sondern menschengebunden; und der keine andere Ernte erbittet als die: ein paar Mitmenschen an das Ewige erinnert zu haben, soweit ein Mensch dies vermag.

VII

Pause

Im Bunker

Genug, daß wir Sorge und Unruhe unsre guten Berater heißen – und es *sind* unsre guten Berater – genug, daß wir in allen Bereichen, in denen wir uns dabei entdecken, daß wir auf der Stelle treten, erschrecken. Wer nichts anderes wollen kann als „Haben und Halten", der wird heute einen neuen Bau haben, übermorgen ein altes Gemäuer; dann eine Festungsmauer nur noch mit Schießscharten, und bald einen Bunker, in dem man sich einschließen und verkriechen muß. Er wird sich mit zwei nicht sehr guten Mächten verbünden müssen: mit der Macht der Sicherung, kraft der man das Fremde abwehrt, und mit der Macht der Gewalt, kraft der man wider alles Fremde streitet. Vielleicht, daß man seinen „Bunker Leben" sich so erhält; aber die Möglichkeiten, das Glück des werdenden Lebens, gewinnt man so nicht.

Die Pause

Haben Sie eigentlich in Ihrem Sonntag etwas wie einen Stundenplan? Nicht einen, der so aussieht, wie der Schulstundenplan unserer Kinder: acht bis neun Geschichte, neun bis zehn Chemie und so fort, aber doch einen, der den Tag ein wenig gliedert: Vormittag, Nachmittag, Abend? Wenn Sie gar keinen hätten, dann müßte ich Ihnen ja vielleicht sagen: es wäre gut, Sie hätten einen, ein freier Tag ist eine solche Kostbarkeit, daß man an ihm nicht nur „in den Tag hinein" leben sollte. Aber wenn Sie einen haben, dann wollte ich Sie wohl fragen: ist auch ein weißer Fleck auf dem Blatt, eine ganz unbeschriebene Stelle? Die unbeschriebene Stelle ist so wichtig wie nur jede beschriebene. Was soll sie bedeuten? Nun: nichts. Sie soll besagen: Pause, Pause aller Instrumente.

Sie wissen, man hat die Formel „Schöpferische Pause" geprägt, und sie sagt etwas Richtiges. Ich möchte sie aber hier nicht verwenden. Mir ist an etwas viel Einfacherem gelegen: ich möchte Ihnen Mut dazu machen, von Zeit zu Zeit sich einmal dem seligen Nichtstun zu überlassen. „Dolce far niente" sagen die Italiener, und sie verstehen sich darauf, wir Deutschen verstehen uns gar nicht darauf, und der hier das Wort nimmt, ist in diesem Stück recht sehr bei seinen Landsleuten.

Dem „seligen Nichtstun" – das will sagen: es muß eine Zeit geben, in der wir nicht nach der Uhr, nicht nach Programm leben, sondern „nur so –". In der wir vor uns hintrödeln, hinsummen, hinträumen. In der wir in vergangenen Zeiten sind oder in kommenden, in der wir Briefe im Geist schreiben, die wir, leider oder zum Glück, in

Wirklichkeit nie schreiben werden, oder: in der wir Briefe, die wir längst beantwortet haben, noch einmal – und nun besser – beantworten, im Geist. Eine Zeit, in der wir die Kontur der Dinge nur unscharf erkennen, in der wir nicht so ganz ernst nehmen, was zu andrer Zeit wohl ernst genommen werden muß: die Schulzeugnisse der Kinder, die kommende Bürgermeisterwahl und den Verlust eines schönen Drehbleistifts. Auch mit einem einfachen Bleistift wird sich etwas Freundliches schreiben lassen, auch mit einem „Mangelhaft" in Physik wird die Tocher durchs Leben kommen, auch ein unbekanntes Gesicht auf dem Rathaus soll uns ein redliches Gesicht heißen.

Eine Uhr schlägt – wir fahren erschrocken auf: o, wie lange habe ich gar nichts getan! Doch – Sie haben etwas getan. Sie haben Abstand gewonnen. Einiges Große erscheint nicht mehr ganz so groß, einiges Bedrückende nicht ganz ohne Heilkraft aus sich selbst heraus. Nein – grämen Sie sich nicht: schlimm wäre es, wenn Sie sich nun erzürnen würden wegen der vertanen Zeit. Die Pause war gut. Ein Musikant, der die Pausen nicht einhält, wird nicht gelobt.

Hier führen Wege weiter – in die Kunst der Meditation hinein. Wege, auf denen die Mönche sich auskennen, und andere, die den Völkern des Ostens vertraut sind. Von beiden stehe nichts auf unsrem Blatt. Es wird seine Richtigkeit haben damit, daß wir Leute des Westens sind, und daß unsren Versuchen, ein östliches Maß zu gewinnen, etwas Künstliches anhaftet. Aber freilich: Sterne vom Osten her haben Geleucht; einer aus dem Sternbild des Laotse ist hell vor anderen, und seine Wahrheit sieht uns an. Sie lautet: „Beim Nichtstun bleibt nichts ungetan."

Das Spiel

Die schöne Geschichte von dem Chinesen und dem Amerikaner hat uns gewiß schon irgendwo erreicht – Geschichten, in denen sich ein Stück „Weisheit für die Zeit" ausspricht, machen ja zum Glück rasch ihren Weg – ich meine die Geschichte von den beiden Zeitgenossen, die dem Bahnhof zustreben. Der Amerikaner treibt den Chinesen an und sagt: „Los, los, wenn wir uns beeilen, dann bekommen wir den früheren Zug und gewinnen zehn Minuten." Der Chinese wendet sich seinem Partner zu und fragt: „Und warum wollen Sie denn die zehn Minuten gewinnen?"

Vielleicht sollten wir uns ja nicht gleich geschlagen geben, wir könnten am Ende dem Chinesen in seine große östliche Zeitgelassenheit hinein etwas entgegnen, aber wir können's nicht hindern, daß die Geschichte in uns hineinsinkt mit einer bedrängenden Kraft, und das Bild des Mannes, der mit gespannten Nerven nach der Bahnhofsuhr schaut, wir kennen das Bild – und wir kennen es, wenn wir in den Spiegel blicken.

Wir geben es ja zu: daß wir für das Spannende sind. Wer uns spannend erzählt, ist uns willkommen, und der Bildbericht auf der Leinwand soll uns unsre Umwelt vergessen machen, so spannend muß er sein. Auf die Entspannung aber – verstehen wir uns auch auf sie? Nein, auf sie verstehen wir uns nicht sonderlich. Warum nicht? Weil wir ein kostbares Stück Entspannung mit Gewalt zugrunde richten, nämlich – das Spiel.

Ich denke nicht an das Spiel um Geld, an Monte Carlo und Travemünde, die gewiß mehr Glückshölle als

Glückshimmel heißen mögen, eher schon an das Rasenspiel vom Samstagnachmittag. Der Sportbericht jedenfalls, der am Montagmorgen ausgegeben wird, liest sich nicht so, daß man durch ihn an Vergnügungen erinnert wird, er liest sich in seiner humorlosen Dringlichkeit, seinem Todesernst wie ein Krankenblatt aus der Schwerkrankenabteilung einer Klinik ... Ach, ich fragte einen, der sich als Kenner auswies, unschuldig fragte ich ihn, ob es denn eine ergötzliche Sache gewesen sei, das Spiel gestern ... und er bellte mir ins Gesicht, diese Dinge seien nicht zum Lachen. Da haben wir's: sie sind nicht zum Lachen. Und somit sind sie freilich keine Entspannung, und sind kein Spiel, das den Namen „Spiel" verdient. Denn das Spiel hat mit der Heiterkeit zu tun. Wer spielen kann, hält es nicht mit dem Gehetzten, dem Besessenen, dem Irrflackernden, dem Unerbittlichen, dem Süchtigen, sondern mit den Geistern der Wandlung, mit der heiteren Abwechslung, mit Fortunas Laune. Es ist wahr: ein wenig Leidenschaft wird zum Spiel gehören, aber es muß die Spielleidenschaft der Kinder sein, das ist die Leidenschaft derer, die verlieren können – und dann zum nächsten Spiel übergehen.

Einem Pianisten, der in seiner Arbeit in eine Krise geraten war und mir klagte: „Ich kann nicht mehr spielen", sagte ich: „Sie haben gewiß schon lange nicht mehr gespielt." Er, der jeden Tag fünf Stunden übte, sah mich verwundert an. Aber ich fuhr fort: „Sie haben geübt, gearbeitet – das ist Ihr Recht, Ihre Pflicht. Aber Sie gefährden sich sehr, wenn Sie nicht – für eine Nachmittagsstunde, wenn niemand Ihnen zuhört – einmal wieder spielen, zwecklos, mit der Möglichkeit zu verlieren, das heißt: Fehler zu machen. Sie baten mich um einen Rat? Leisten Sie sich zuweilen ein paar Fehler. Das ist mein Rat."

Nun, wir sind ja zumeist keine Pianisten, auch bin ich nicht allbestellter Ratgeber. Aber daß wir die Entspannung im Spiel uns zurückgewinnen müssen, langsam, geduldig, mit Kinderhilfe und mit Hilfe des Herzens, das im Spiel, im zwecklosen Spiel – spielend ohne Sorge um irgendeine Tabellenmeisterschaft – eine Antwort der Dankbarkeit erkennt gegen die ewige Liebe, die uns etwas vorspielt mit ihren Sternen und mit ihren Blumen: das gilt für uns alle.

Heilige Frühe

Neulich geriet ich wieder einmal an die Tagebücher Goethes. Die seltsam-knappen Notizen sind keine gemütliche Lektüre; aber plötzlich trifft einen eine Stelle, die leuchtet. Eine Notiz fand ich aus dem Sommer des Jahres 1828, die lautet: „Vor Sonnenaufgang aufgestanden. Vollkommene Klarheit des Tales. Der Ausdruck des Dichters ‚Heilige Frühe' ward empfunden."

Geschrieben wurde dieser Eintrag im Dornburger Schloß. Goethe hatte sich nach dem Tod seines alten Freundes und Herrn, des Großherzogs Karl August, für einige Sommerwochen auf die hoch über dem Saaletal gelegene Dornburg zurückgezogen, es waren das ganz besondere Wochen in seinem Leben. Wochen, in denen er mit dem vielen Abschiednehmen zu Rate ging, das seinem ins Achtzigste gehenden Leben auferlegt war; einige sehr geheimnisvolle Altersgedichte entstanden in diesen Wochen. Und auch sonst waren sie voll Tätigkeit, und der Tag begann ihm früh, wie eh und je. Da lag er im Fenster, – „zum Gruße der Planeten" – sah Nacht und Tag sich begegnen, sah die blasser werdenden Sternbilder und das starke Jupiterlicht, und der Ausdruck „Heilige Frühe" – ein Ausdruck aus der Welt Homers – ward empfunden.

Ich sage das, nicht um von Goethe zu erzählen, nicht, um den Morgenklang, den Morgenduft zu beschwören, der um sein mächtiges Werk ist – „Morgenwind umflügelt die beschattete Bucht": das ist Goethe! – sondern um uns Mut zu machen, das Geheimnis der Frühe wahrzunehmen für das eigene Leben. Ich weiß: Wir sind oft rechtschaffen müde und freuen uns auf eine Stunde Schlaf in den

Morgen hinein, und vielleicht sind wir ohnehin Abend-
menschen, Leute, die erst gegen Nachmittag zum wirklichen Leben erwachen und abends aufblühen, Leute also,
die es nur mit Kopfschütteln vernehmen können, daß
Goethe einst in seinem Quartier auf dem römischen
Hügel immer in den Morgenstunden ein Werk wie die
„Iphigenie" schreiben konnte ... aber wir fühlen es freilich
dennoch, daß von der Frühe eine eigene Kraft, eine sonderlich reine Strahlung in unsern Tag eindringen könnte.

Unsere Abende haben auch ihre Engel; die Stunde der
Sammlung, die uns hinübergeleitet in das Schweigen der
Nacht – aber wir sind ja, was den Abend angeht, so
bedenklich geschickt darin geworden, künstliche Lichter
zu erfinden und unruhige Lichtquellen. Vielleicht ist wirklich nur der früheste Morgen etwas wie eine unberührte
Domäne. Nehmen Sie das als Geschenk. Nehmen Sie das
als eine Aufgabe. Jeder Morgen hat etwas von einem Weg
durch frisch gefallenen Schnee. Wir müssen unser Gestern
und unser Vorgestern mittragen ... das ist wahr: aber zu
einem kleinen Teil wiederholt sich in jeder Morgenfrühe
etwas vom Glück der Kindheit, da man das neue Schul-
heft aufschlug. Das Osterzeugnis ist noch weit, und alles
kann noch gut werden in diesem neuen Heft. Und die Aufgabe heißt: ich werde heute dem und dem begegnen, und
ich kann ihm den Dienst des Grußes und den Dienst des
Boten tun, und ich tue ihn gut in der Zerstreuung des
Tages, wenn die Sammlung der Frühe mir zuteil geworden
ist, auch ohne Schloß Dornburg ... der Gruß der voll-
kommenen Klarheit, der Gruß des Planeten vielleicht,
und der Gruß jener ewigen Liebe, von der gesagt ist,
daß sie „still und einig im Kreis die Sonne führt und alle
Sterne".

Tröstung

Wenn auch bei Nacht du bangst,
Kindlein erschreckt,
Wenn dich in Nacht und Angst
Dunkel bedeckt,
Heilen die Wunden doch
Leise und lind,
Kommen die Stunden noch
Immer, mein Kind.
Stunden, die Gärten und
Blühbeeten gleich
Strahlen im Erden- und
Himmelreich.
Und daß sie selten, Kind,
Wohl dich versöhn:
Weil sie so selten sind,
Sind sie so schön.

Ruhe auf der Flucht

Die Meister haben sie gemalt, Lukas Cranach und andere vor und nach ihm, und sie haben recht daran getan, auch wenn die Heilige Schrift selbst nicht ausdrücklich davon spricht. Freilich: Flucht ist Flucht, und Herodes ist mächtig; liebliche Bilder können uns nicht vor der Seele stehen, auch wenn Marias Mantel leuchtet, und Baum, Strauch und Quelle ihre starke, innig-ernste Botschaft darreichen: „Ruhet ein wenig!"

Ruhe auf der Flucht: das gilt, weil diese Reise angetreten wurde unter Gottes Befehl und Verheißung, und zu Gottes Weise gehört die Ruhe, wie die Tat zu ihr gehört. Ruhe und Tat: wie Einatmen und Ausatmen sind sie beisammen in ihm, so wie Wort und Schweigen in ihm vereinigt sind, Ton und Pause. Und wie in Ton und Pause die nämliche Musik ihres schönen und strengen, ihres vorgesetzten Weges zieht, so ist die Ruhe auf der Flucht, und wieder dann der Aufbruch aus dieser Ruhe, im nämlichen Plan verzeichnet, und es ist Gottes Plan.

„Der Geist Gottes schwebte auf dem Wasser", lesen wir auf dem ersten Blatt der Bibel, und auf dem zweiten steht: „Und Gott ruhte am siebenten Tage von allen seinen Werken, die er machte." Zwischen diesem Schweigen des Uranfangs aber und der heiligen Ruhe des siebenten Tages steht das Gotteswerk, die Erschaffung alles Lebendigen. Und wie diese erste Gottestat ganz umschlossen ist von der Stille, so sind es hinfort im Zeugnis der Schrift alle die Werke und Taten aus Gottes Geschichte mit seiner Welt.

„Heiligt euch!" So lautet der Befehl an das Volk, das da lagert am Fuß des Sinaibergs. Einen Tag und noch einen

Tag regiert die Stille der Erwartung, in der das Leben den Atem anhält. Dann, am dritten Tag, kommen Donner und Blitz und der Ton einer sehr starken Posaune, mitteninne aber die Stimme des Herrn. Und wieder schließt sich der Ring in großer, erhabener Ruhe: „Da stiegen Mose und Aaron, Nadab und Abihu und siebzig von den Ältesten Israels hinauf und sahen den Gott Israels. Unter seinen Füßen war es wie ein schöner Saphir und wie die Gestalt des Himmels, wenn's klar ist. Und er reckte seine Hand nicht aus wider die Obersten in Israel. Und da sie Gott geschaut hatten, aßen und tranken sie."

Das Schweigen der Nacht ist um Samuels Berufung und das Schweigen der Morgenfrühe um die Horebstunde des Trostes für Elia. Von der Christnacht dann heißt es in der alten Liturgie, ein Wort aus dem Buch der Weisheit aufnehmend: „Da alles still war und ruhte und eben recht Mitternacht war, fuhr dein allmächtiges Wort vom Himmel herab aus königlichem Thron." In die Stille des Großen Sabbats hinein mündet der Karfreitag: „und den Sabbat über waren sie still nach dem Gesetz"; und weite Bereiche des Schweigens umlagern das Ostermorgengespräch: „Maria!" – „Rabbuni!" Ja, selbst Pfingsten, das Fest mit dem „Brausen vom Himmel als eines gewaltigen Windes", kennt nicht nur die Bewegung des Lebens und des Geistes, Zungenrede und Predigt, Entsetzen und Spott, Erschütterung und große Taufe, sondern auch und zuerst die Stille, und es ist Gottes Stille in diesem Kreis der Zwölf, von denen gesagt wird: – „waren sie alle einmütig beieinander." Im Buch der Offenbarung endlich, in dem die apokalyptischen Reiter dahersprengen und die Sterne des Himmels auf die Erde fallen, steht zu Beginn des achten Kapitels, wie vom tiefsten Geheimnis umweht: „Und da das Lamm das siebente Siegel auftat, ward eine Stille in dem Himmel bei einer halben Stunde."

So deutet sich uns Gottes Weise: die Weise des Ewig-Wirkenden, den doch unablässig die Ruhe umfängt. Und da er uns nach seinem Bild geschaffen hat, so sollen auch wir nach seiner Weise trachten.

Das heißt: wir sollen vertrauen darauf, daß er beide zu segnen bereit ist: das Werk unsrer Hände und die Ruhe unsrer Hände, und daß ein jedes seine Zeit hat und haben darf. Es hängt viel für unser Leben daran, ob wir einen getrosten Umgang mit der Erkenntnis haben, daß auch unser redlichstes Tagwerk ein Bruchstück ist und nicht mehr. Getrosten Umgang haben wir dann, wenn wir es glauben mögen, daß er, der Herr, an unsren Versuchen, unsren Bruchstücken und unsren Trümmern vorübergeht, indes wir schlafen und müde sind: er aber sieht unser Unvollendetes an mit dem Blick, dessen Licht die Vollendung ausstrahlt.

Wo das Leben aufhört, sich nach dieser Ruhe auszustrecken, wo es sich nicht mehr danach sehnt, Muße zu haben, da stehen Gefahr und Krankheit vor der Tür. Daß der Müßiggang aller Laster Anfang sei, dieses Wörtlein haben wir recht gründlich uns eingeprägt; das andere Teil der Wahrheit aber, daß es gefährlich ist, gar nicht mehr müßig gehen zu wollen, das ist unter uns in Vergessenheit geraten. Wer nämlich alles Leben nur insoweit für wert erachten mag, als es arbeitskräftiges Leben ist, der wird unabwendbar der ruhelosen Geschäftigkeit verfallen, der Unrast und allen Ängsten in ihrem Gefolge. Und – schlimmer noch – er wird hart und unbarmherzig werden; mit sich selbst zuerst, mit den anderen hernach. Darum müssen wir einander das „Geheimnis Gottes über unsrer

Hütte" sagen, das Geheimnis seiner Ruhe, das auch uns zur Ruhe ermächtigt in der Flucht unsrer Tage.

Welche Ruhe ist gemeint? Die Ruhe Elias unter dem Wacholderbaum: „Es ist genug"? Auch diese, ja. Es ist dem Glauben erlaubt, müde zu sein. Denn was heißt Glaube, wenn nicht dies: mit-atmen in Gottes Atem, soweit ein Mensch es vermag. Und zugleich: der Ewigen Liebe gedenken, die über unsrer Müdigkeit nicht müde wird. „Ich will nichts mehr wissen und nichts mehr tun, ich will nur noch weinen –": so kommt es uns entgegen aus dem Munde eines tieferschöpften Menschen. Und es antworten beide, der Glaube und die Liebe, wie aus einem Munde: Weine! Es ist dir vergönnt. Denn bei Gott ist der Krug, der die Tränen faßt, und die Weisheit, welche die Tränen zählt.

Aber auch die andere Ruhe ist gemeint, die „Erquickung" heißt. Sie heißt dann nicht „Wochenende", dieses anstrengende Mißverständnis aus Ablenkung und Zerstreuung, Lärm und Laut. Sie heißt vielleicht auch nicht „Tagung", „Rüstzeit". Aber „Schlaf" könnte ihr Name sein, gleich dem Schlaf von Jeremia Kapitel 31: „Darüber bin ich aufgewacht und sah auf und hatte so sanft geschlafen." Und auch „Spiel" könnte diese erquickende Ruhe heißen; Spiel mit Kindern, unvermittelt und unmittelbar, absichtslos und fröhlich, oder Spiel über den Tasten und Saiten. Und könnte heißen: Abendgang, einsamer; nur bis zur ersten Wiese, bis zur Linde auf der Anhöhe, bis zum dunklen Schwanenteich. Und heißt – und dies immer: Lobgesang. Über Werktag und Wochenmühe hin Treppen und Steige hinauf zu den Stufen des Altars.

Herodes ist mächtig, gestern und heute, und die Peitsche der Zeit hat sieben Knoten; aber die Ruhe auf der

Flucht gilt: heute wie gestern. Wohl sehen uns die heiligen Verheißungen an wie ferne Gipfel, groß und gewaltig die aus Jesaja: „ – und der Gerechtigkeit Frucht wird Friede sein und der Gerechtigkeit Nutzen wird ewige Stille und Sicherheit sein, daß mein Volk in Häusern des Friedens wohnen wird, in sicheren Wohnungen und in stolzer Ruhe." Aber nahe und sehr tröstlich ist das andere Wort: „Es ist noch eine Ruhe vorhanden dem Volke Gottes." Nicht erst: verheißen, immer schon: vorhanden. Vorhanden: weil der, dem Wind und Meer gehorsam sind, auch die Geister der tiefsten Unruhe unter seine Herrschaft gebracht hat, weil er – daheim in Gottes Werk und daheim in Gottes Ruhe – versöhnend zu unsren erschrockenen Herzen, zu unsren angefochtenen Gewissen tritt.

Du siehst nichts von Baum, Strauch und Quelle, die dort auf dem alten Bild zur Ruhe laden? Laß. Jesu Stimme ist da, und sie meint dich und mich mit dem Wort, das sie – anders mächtig als Baum, Strauch und Quelle – zu sprechen weiß: „Ruhet ein wenig!"

Sabbat und Sonntag

Sabbat und Sonntag: man muß sie in *einem* Atemzug nennen, in *einem* Gedanken umschließen, in *einer* Liebe bewahren: davon haben die alten Meister und Lehrer in Sorge und Vertrauen geredet. „Mit was für Augen blickst du den Herrentag an, da du den Sabbat nicht in Ehren hältst?" so lautet der Vorwurf des Gregor von Nyssa, und er fügt hinzu: „Weißt du nicht, daß diese Tage Brüder sind?" Geschwisterlich kommen sie uns in den Sinn; der Vorbeter in der Synagoge am Freitagabend und der Rufer im schlesischen Herrnhut, der die Tageslosung in die Häuser trägt: sie sind uns nahe in Zeit und Raum.

Der Zeitgenosse freilich, dem das Journal, die Zeitung, vor die Türe gelegt wird, hat es nicht leicht, die Umgrenzung unseres Daseins in Zeit und Raum wirklich – und wohltätig zu verstehen. Gewiß: ein Datum wird uns täglich neu gegeben, sagen wir: ein Herbsttag in einem Jahr am Ende des zweiten Jahrtausends, und Raum wird uns angedeutet; ja: mehr Raum als je die Vorväter wahrnehmen konnten: Bosnien, China, Israel, Rußland, und dieses bildersüchtige Geschlecht, dieses bilderdurstige Zeitalter wird mit Fakten überschüttet; aber mit welchen Gaben? Oft genug will es uns so erscheinen, als seien beide, Raum und Zeit, Schauplätze der Geschichte, austauschbar und unverbindlich.

Unverbindlich und austauschbar: das ist der Sabbat in der Wormser Synagoge nicht, und der Ostermorgen in Königsfeld im Schwarzwald ist es nicht; denn ihr Raum ist wirklich Raum, ihre Zeit ist wirkliche Zeit.

Ihre Zeit ist dieses „Jetzt", in dem eine kleine Schar von Überlebend-Zurückgekehrten sich wieder zusammenfinden kann, und sie blicken auf das große Ehegestern ihres alten Friedhofs, den Gräbergarten, jahrhundertealt. In diesem „Jetzt" bleibt als Nachklang unverklungen das große Sch'ma als eine Zeit, in der gelebt, gelitten, gestorben, aber auch gesungen, gejubelt wurde:

„Höre Jifsrael:
ER unser Gott, ER Einer!
Liebe denn
IHN deinen Gott
mit all deinem Herzen, mit all deiner Seele, mit all deiner Macht.
Es seien diese Reden, die ich heuttags dir gebiete, auf deinem Herzen,
einschärfe sie deinen Söhnen,
rede davon,
wann du sitzest in deinem Haus und wann du gehst auf den Weg,
wann du dich legst und wann du dich erhebst,
knote sie zu einem Zeichen an deine Hand,
sie seien zu Gebind zwischen deinen Augen,
schreibe sie an die Pfosten deines Hauses und in deine Tore!"

Reden (Deuteronomium/5. Mose) 6,4–9
übertragen von Martin Buber

Vor dem siebenarmigen Leuchter gehen die Wünsche und Erwartungen drei Tagesstufen hinauf, verharren für einen Tag auf der Höhe, und gehen drei Tagesstufen wieder hinab; im Verharren auf der Höhe aber umgeben sie den einen Tag mit aller Herrlichkeit und Liebe: im Gewand, in der Mahlzeit, in Gruß und Ruf, im Chorlied des Psalters.

Leiser ist die Königsfelder Frühe: eine Stimme wagt das „Der Herr ist erstanden", und die Gemeinde nimmt es auf: „Er ist wahrhaftig auferstanden."

In dem großen elften Kapitel der „Bekenntnisse" meditiert Augustinus – es ist ein unvergänglicher Text – über die Zeit; es ist etwas wie eine große Heimholung der Tage und der Jahre: Tage und Jahre erkennen sich als Gottes Zeit, sie sind Gottes Schöpfung. „Abend ward und Morgen ward: zweiter Tag": so lesen wir's in Martin Bubers Verdeutschung auf dem ersten Blatt der Schrift, und beide sind angesehen und umschlossen: Sabbat und Sonntag.

Der Sabbat ist abendlich: er beginnt am Abend, und dieser Abendbeginn zeichnet ihn aus, aber er ist freilich ein ganzer Tag. Er beginnt als Ruhe, aber die Ruhe ist nicht Ausklang, Erschöpfung; sie ist Klang und Schöpfung; sie ist Fülle, das Fest. Israel hat in seiner ganzen Geschichte nicht aufgehört, den Sabbat zu rühmen: für diesen einen Tag sind die Tage, was sie sind: Vorläufer und Nachhall. Er ist der geheiligte Tag, das ist: er ist der besondere Tag, und er ist es durch ein Gebot vom Sinai. In das Gebot ist eingewoben wie Muster in ein Gewand eine eigene Strenge und eine eigene Schönheit. Die Strenge bringt den Verzicht – und er kann „Mühe" heißen; einige Kapitel der Sabbatheiligung können auch Schmerzensgeschichte genannt werden: „Du sollst *nicht* …" Aber eingewoben ins Gewand ist der Goldfaden einer eigenen Freiheit, eine Lossprechung von den

„Weltgeschäften", ein menschenfreundliches „Du darfst".
Und hier hat Israel allen Knechten und Mägden, allen
Dienstverpflichteten, ja aller Kreatur einen großen Dienst
getan. Im letzten Kapitel der „confessiones" von Augustinus münden die Zeitmeditationen in das Glück, im Sabbat
geborgen zu sein. „Aber der siebente Tag ist ohne Abend,
und er hat keinen Untergang, weil Du ihn geweiht hast zu
ewiger Ruhe." Dort ist es uns zugesagt: „..., daß auch wir
nach unsren Werken am Sabbat des ewigen Lebens ruhen
werden in Dir."

Der Sonntag ist morgendlich. Er beginnt in der frü-
hesten Frühe. Die Matutin der Mönche ruft in ihren
Ordnungen den Ostermorgen herbei als den Tag der
Auferstehung. Und die Sonntagsheiligung ist die Bindung
unseres Lebens an die geheime und die offenbare Gegenwart Jesu, an seinen Weg in diese unsere Welt: zum Berg
der Seligpreisungen, zum Sturm auf dem Meer, zur
„Schule" in Kapernaum, zum Garten Gethsemane, zum
Kreuz, zum „Siehe, ich bin bei euch alle Tage".

Die Luft des Neuen Testaments ist Morgenluft; die
Stunde der Jünger ist die Stunde, die dem Petruswort
folgt: „Wir haben die ganze Nacht gearbeitet und nichts
gefangen, aber auf dein Wort ...". Sie ist die Stunde des
Anfangs, die Stunde der Müdigkeits-Überwinder, die
„Dennoch"-Stunde. Die Freude des Anfangs ruft nicht
nach Geboten und nicht nach Verboten; sie erfährt die
Menschlichkeit Gottes in der Gestalt, die sie anrufen darf:
„Bleib bei uns ...", ihre Antwort ist das brennende Herz
der Emmaus-Jünger: „Brannte nicht unser Herz in uns, da
er mit uns redete auf dem Wege, als er uns die Schrift
öffnete?" „Sabbat-Sonntag", abendlich-morgendlich: das
mag sich vermischen: Emmaus ist Abendstunde, und im

späten Rezitativ der Matthäuspassion von Johann Sebastian Bach wird in die neutestamentliche Anrufung am „großen Sabbat" Adam einbezogen und auch Noah: „Am Abend, da es kühle war, ward Adams Fallen offenbar", und: „Am Abend kam die Taube wieder", und: „O schöne Zeit, o Abendstunde". „Abend ward – Morgen ward": die Reihenfolge dieser Erfahrung wird gelten, und so denn auch die Reihenfolge unserer Wahrnehmung: Sabbat – Sonntag. Wir trennen nicht, was sich so vor uns und für uns ereignet hat. In dem großen Morgenlied der Kirche, in Paul Gerhardts Lied von der „güldenen Sonne" ist diese Reihenfolge, dem Dichter vielleicht fast unbewußt, eingehalten: „Abend und Morgen/ sind seine Sorgen."

Die von Raum und Zeit Verstörten erfahren ihre Verlorenheit als Angst. Aber in ihre Angst dringt die Stimme der Ewigen Liebe: „Und auch dich lockt Er aus dem Rachen der Angst, und stellt deine Füße auf weiten Raum, da keine Bedrängnis mehr ist."

Das steht im Buch Hiob und hat Israel oft erreicht, zuletzt war es, wie berichtet wird, im Berlin von 1942 für die Untergetauchten ein besonderes Trostwort; und es gilt auch für die Christenheit – und will wirksam werden in beiden: im Sabbat und im Sonntag.

September 1995

Notiz

Zuweilen muß man sich ein wenig Zuversicht leihen, so leih ich mir für dieses Buch zwei Zeilen des alten Hermann Hesse:

„Dennoch wollen wir nicht schweigen,
Spät erklingt, was früh erklang."

Ein freundlicher Helfer hat – ohne mein Zutun – eine Anzahl Arbeiten von mir aus den Fünfziger und Sechziger Jahren gefunden und dann noch ein paar Gedichte aus noch älterer Zeit dazu gesellt. Ich habe ja fast lebenslang das Doppelamt des Pfarrers und des Poeten wahrgenommen; nach dem Lichtlöschen im Amtszimmer fing in Jahr und Tag das „Zweite Leben" an; ich kann nicht recht unterscheiden und kann auch nicht datieren.

Ich lasse das Buch ohne Kommentar seinen Weg finden. „Wie alt sind Sie eigentlich, Autor dieses Buches?" Ich schrecke ein wenig auf bei der Frage und sage: 22, 44, 88 – das sind lauter hübsche Elferzahlen …

A. G.
17. 9. 95

Die Auswahl der Texte stützt sich auf folgende Werke von Albrecht Goes: *Verse,* Gedichte, Stuttgart 1932. – *Der Hirte,* Gedichte, Berlin – Leipzig – München 1934. – *Über das Gespräch,* Berlin 1938. – *Die erste Bitte,* in: Das Vaterunser, Berlin 1940. – *Die Herberge,* Gedichte, Berlin 1947. – *Von Mensch zu Mensch,* Bemühungen, Berlin 1949. – *Christtag,* Hamburg 1951. – *Krankenvisite,* Hamburg 1953. – *Worte zum Sonntag,* Hamburg 1955. – *Hagar am Brunnen,* Dreißig Predigten, Frankfurt a. Main 1958. – *Zweifelnden recht raten,* in: Die Werke der Barmherzigkeit, Freiburg – Basel – Wien 1962. – *Gehe leide warte,* Drei Geschenke aus Israel, Hamburg 1962. – *Am Taufstein gesprochen/Die andere Antwort,* in: Waldemar Augustiny, Alle unsre Tage, Hamburg 1963. – *Anfänge,* in: Almanach auf das Jahr des Herrn 1965, Hamburg 1965. – *Der eine und der andere Sonntag,* in: 15 x Sonntag, hrsg. von Hannelore Frank, Stuttgart 1970. – *Kanzelholz,* Dreißig Predigten, Hamburg 1971. – *Ein Winter mit Paul Gerhardt,* Neukirchen-Vluyn 1976. – *Keine Stunde schwindet,* Berlin-Ost 1988. – *Sabbat und Sonntag* entstand als Originalbeitrag für dieses Buch.